EUROPA
VERLAG

Gerhard Kromschröder

Bilder aus Bagdad · Mein Tagebuch

Erstausgabe

Umschlaggestaltung: Frauke Weise, Hamburg
Alle Fotos: Gerhard Kromschröder, außer Seite 19 und
Umschlagrückseite: Berthold Fabricius
Layout: Ulrike Theilig | Das Herstellungsbüro, Hamburg
Druck und Bindung: Clausen & Bosse, Leck
ISBN 3-203-79165-X

Informationen über unser Programm erhalten Sie beim
Europa Verlag, Neuer Wall 10, 20354 Hamburg
oder unter www.europaverlag.de

Gerhard Kromschröder

Bilder aus Bagdad

Mein Tagebuch

Europa Verlag Hamburg · Wien

Bagdad, Golfkrieg 1991: Bei einem Bombenangriff ist ihre Tochter schwer verletzt worden, doch auch die Ärzte im Krankenhaus konnten dem Kind nicht mehr helfen. Als die Mutter die Todesnachricht erhält, klammert sie sich an die Schultern ihres Mannes.

Bagdad, Mittwoch, der 13. Februar 1991: Hier hat sich die US-Bombe durch die Decke des Bunkers von Amiriya in Bagdad gebohrt, um dann im Innern zu explodieren. 400 Menschen werden getötet.

Bagdad, Golfkrieg 1991: »Das Mädchen mit der Goldkette«. Ihr Bruder identifiziert sie anhand ihres Schmuckes, dann schlägt er den Kopf so lange gegen eine Mauer, bis ihm das Blut übers Gesicht läuft.

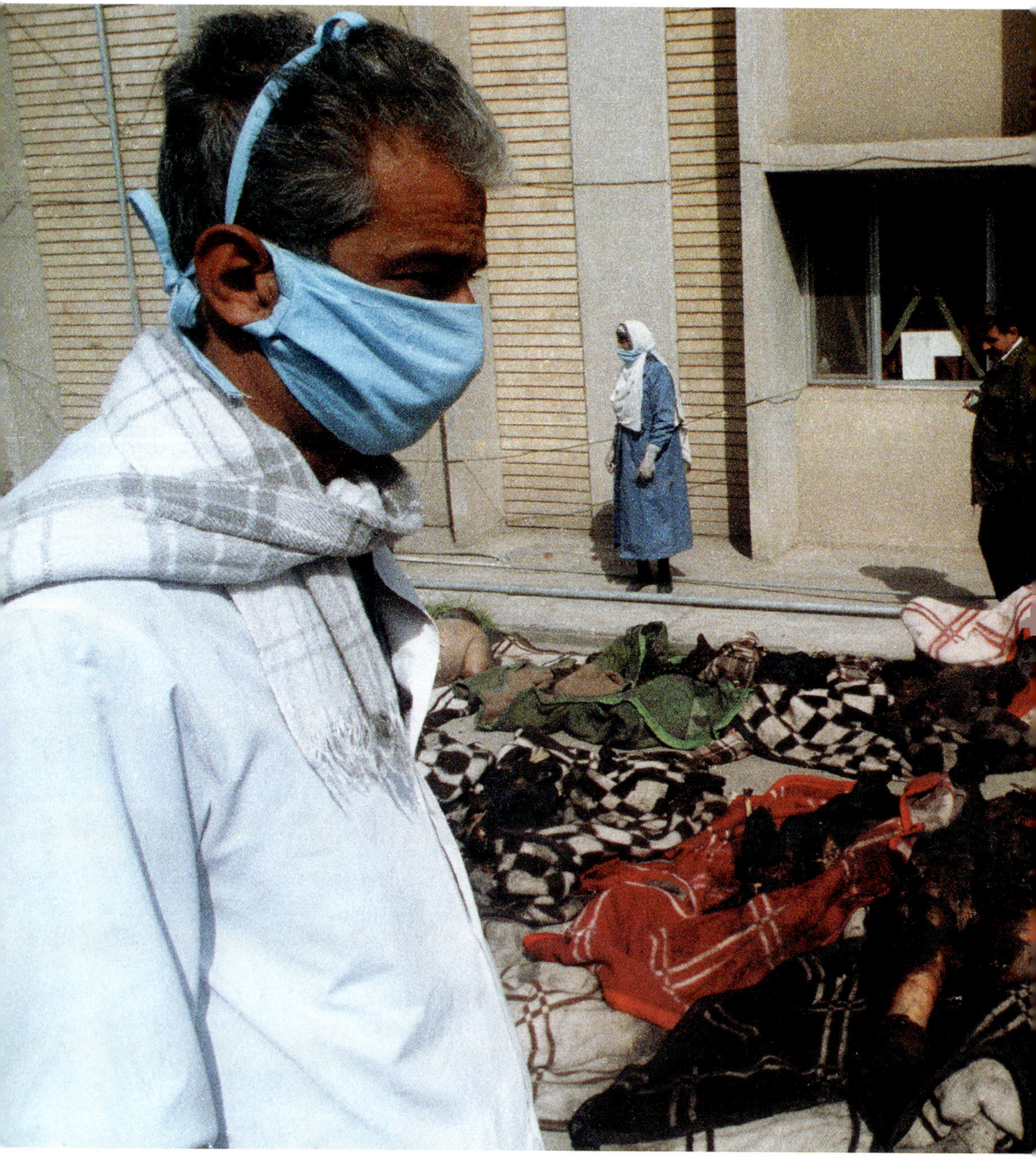

Bagdad, Golfkrieg 1991: Im Hof des Jarmouk-Hospitals haben Opfer der letzten Bagdader Bombennacht einen Platz gefunden; ein Arzt wartet auf ihre Identifizierung, um die Totenscheine auszustellen.

Bagdad, Golfkrieg 1991: Die Todesnachricht. Soeben haben die Frauen des Klans erfahren, dass Amina ihren schweren Verbrennungen erlegen ist. Ihr Mann Jassin, ein junger Milizionär in Sandalen, hat sich zu Boden geworfen; eine Tante versucht ihn zu beruhigen.

Bagdad, Golfkrieg 1991:
Die Bomben haben auch
die Wasserleitungen zerstört;
Mädchen warten an einem
Brunnen auf ihre Zuteilung.

Für alle Opfer des Krieges, ob Zivilisten oder Soldaten – ob getötet oder für ihr Leben gezeichnet, ob körperlich unversehrt, aber psychisch zerstört, ob anonym oder namentlich bekannt. Und für alle Journalisten-Kollegen, die im Golfkrieg 2003 getötet wurden:

Terry Lloyd, 50, britischer ITN-Fernsehreporter, am 22. März bei Basra/Südirak, alliierter Panzerbeschuss · Paul Moran, 39, australischer ABC-Kameramann, am 22. März bei Sayed Sadiq/Nordirak, Autobombe · Michael Kelly, 46, amerikanischer »Washington Post«-Reporter, am 3. April bei Bagdad nach irakischem Beschuss Unfall mit einem US-Militärfahrzeug · Gaby Rado, 48, britischer Channel-4-Fernsehreporter, am 30. März in Suleimanija/Nordirak, Sturz vom Hoteldach · Kaveh Golestan, 52, iranisch-kurdischer BBC-Kameramann, am 2. April in Kifri/Nordirak, Landmine · Kamaran Abdurazaq Muhamed, 34, irakisch-kurdischer BBC-Mitarbeiter, am 6. April südlich von Mosul/Nordirak, alliiertes Bombardement · Christian Liebig, 35, deutscher »Focus«-Reporter, am 7. April südlich von Bagdad, irakischer Raketenbeschuss · Julio Anguita Parrado, 32, spanischer »El Mundo«-Reporter, am 7. April südlich von Bagdad, irakischer Raketenbeschuss · Tarek Ayoub, 35, jordanischer Al-Dschasira-Kameramann, am 8. April in Bagdad, alliierter Panzerbeschuss · José Couso, 37, spanischer »Telecinco«-Kameramann, am 8. April in Bagdad, Hotel »Palestine«, alliierter Panzerbeschuss · Taras Protsyuk, 35, ukrainischer »Reuters«-Kameramann, am 8. April in Bagdad, Hotel »Palestine«, alliierter Panzerbeschuss.

Mein Tagebuch

Erstmals in meinem Leben habe ich begonnen, Tagebuch zu führen.

Freitag, 7. März 2003

Hamburg. Gewerkschaftshaus am Besenbinderhof. Gegenüber, jenseits der sechsspurigen Kurt-Schumacher-Allee, wird gerade der neue ZOB fertig gestellt, der Zentrale Omnibusbahnhof. Dort stand bis vor ein paar Wochen auch ein Rundbunker aus Beton, der in den Bombennächten des Zweiten Weltkriegs einigen wenigen Zuflucht bot. Jetzt wird das Gelände von einem gewagten, um die 150 Meter langen Glasdach überspannt, das wie ein transparenter Riesenbumerang hoch über dem Erdboden schwebt. In der Eingangshalle des DGB-Hauses hängt seit 14 Tagen meine Ausstellung »Bomben auf Bagdad« – Bilder, die zeigen, wie ich den Golfkrieg 1991 in der irakischen Hauptstadt erlebt habe: zerschmetterte Häuser, verkohlte Leiber, weinende Hinterbliebene. Zivile Opfer eines Krieges. Ich blättere im Gästebuch. Ein Besucher hat ein Zitat von Erich Maria Remarque hineingeschrieben: »Für den Heroismus von wenigen ist das Elend von Millionen zu teuer.« Irgendwie bin ich erleichtert, dass die Bilder jetzt hier hängen.

Sie scheinen mir, von heute aus betrachtet, eine Last gewesen zu sein. Zwölf Jahre hatte ich die Bilder in einer schädderigen Kiste in einer dunklen Abseite unserer Wohnung abgelegt, der Psychologe würde vielleicht sagen: Ahh, verdrängt! Möglicherweise. Jedenfalls habe ich sie erst vor ein paar Wochen wieder rausgeholt. (Der Psychologe: Ahh, gut, er hat sich den traumatisierenden Erlebnissen gestellt, arbeitet's auf!). Und ich habe wieder angefangen zu rauchen.

Rationale Begründung fürs Hervorkramen: Wenn's um den Golfkrieg geht, zeigen die einem im Fernsehen gerade jetzt immer wieder diese aus herabstürzenden Marschflugkörpern aufgenommenen, verschwommenen Bilder, die einen klinisch sauberen Krieg suggerieren. Die Opfer sieht man nicht. Ich habe Krieg hautnah erlebt, ich habe die Toten gesehen. Deshalb weiß ich, dass Kollateralschäden Gesicht und Namen haben, dass Krieg kein Computerspiel ist, sondern, sagen wir's pathetisch: eine blutrünstige Bestie. Vielleicht erfahren die Leute durch deine Bilder, wie sich, etwas neumodisch ausgedrückt, Krieg anfühlt. Diese Kriegsbilder haben eine merkwürdige Aktualität, denke ich. Der Blick zurück ist wie ein Blick nach vorn.

Samstag, 8. März 2003

Abends ferngesehen, rumgezappt. Hickhack um eine neue UN-Resolution, Friedensdemos in verschiedenen Städten. In den Nachrichten die üblichen Bilder von den Kriegsvorbereitungen: B-52-Bomber werden auf einem englischen Flugplatz mit Sprengkörpern beladen, Manöver amerikanischer Soldaten an der irakischen Grenze in Kuwait, Kampfjets starten von einem britischen Flugzeugträger. Später im Programm findet ein anderer Kampf ein schnelles Ende: Wladimir Klitschko wird in 207 Sekunden auf die Bretter gelegt.

Sonntag, 9. März 2003

Besuch von Freunden, viel geredet. Abends, etwas angespannt, mit dem Taxi zum NDR-Fernsehen in die Gegend beim Hagenbeck'schen Tierpark, wo die Straßen so komische Tiernamen haben: Gazellenkamp, Pelikanstieg, Flamingoweg, Gemseneck. Interview im »Weltspiegel«.

Vorher wird ein Beitrag über den Sender »Army-TV« eingespielt. Dessen Nachrichtenchef George Macnamara sagt: »Wir machen hier keine Progaganda.« Und dann ist die Reporterin Gail Maccaine zu sehen, ein Meg-Ryan-Typ, wie sie einem älteren Ingenieur die Frage stellt: »Das ist doch nun eine ganz andere Armee als die, für die Sie sich damals verpflichtet haben. Früher schickte man Späher aus, Männer, die Informationen sammelten, um Menschenleben zu retten. Und heute, bei der ganzen Technologie – geht da nicht die Romantik verloren?«

Romantik im Krieg? Ich vergegenwärtige mir Bagdad 1991; es ist eine Stadt in Angst. Jede Nacht Sirenengeheul, jede Nacht Bomben, man weiß nie, wo sie einschlagen. Jede Nacht Tote. Die Menschen kauern sich in den Kellern ihrer Häuser zusammen – es gibt kaum zivile Bunker, und die helfen ja auch nicht immer. Kinder sitzen wimmernd im Schoß ihrer Mütter. Das Leben ist bestimmt durch die Angst vor der permanenten tödlichen Bedrohung aus der Luft. Und bei jedem Knall hofft jeder, dass es nicht ihn erwischt.

Montag, 10. März 2003

Dichtung und Wahrheit. Peter Scholl-Latour ist jetzt viel im Fernsehen zu sehen. Da sagt er dann die Sätze, für die ich ihn liebe: »Die westlichen Geheimdienste haben durch schamlose Fälschungen versucht, die Waffeninspekteure zu täuschen.« Oder: »Im Nordirak erweist sich, dass der Krieg gegen den Terrorismus die Mutter aller Lügen sein könnte.« Heute ist er im Ersten, in »Fakt«, dem MDR-Fernsehmagazin. Es geht um den drohenden Krieg, die Moderatorin spricht von einer »Schlacht der Bilder«. Scholl-Latour, der alte Haudegen und keines Herren Knecht, sagt's geradeheraus: »Es wird schonungslos gelogen. Mit ihrer Desinformationsmaschine versuchen die USA, andere Regierungen und die eigene Bevölkerung zu täuschen.« Und zurückblickend sagt er: »Im Golfkrieg war gar nicht an die Wahrheit ranzukommen.«

Zuletzt habe ich Scholl, der beim »Stern« auch mal kurz mein Chefredakteur gewesen ist, während des Golfkriegs 1991 im Hotel Interconti in Amman getroffen, wo sich Hunderte von Journalisten um das Dutzend Visa in den Irak balgten, die nur hier ausgestellt werden. Er hatte keins bekommen, nahm's sportlich, gratulierte mir und wünschte mir eine Rückkehr in Gesundheit. Ich war aus Kairo gekommen, wo ich als Nahost-Korrespondent des Blattes lebte. Im Irak war ich schon mehrmals zuvor gewesen. Aber diesmal war es mir als einzigem deutschen Print-Journalisten gelungen, eines der raren Kriegsvisa nach Bagdad zu ergattern. Das war nicht mein alleiniges Verdienst: Da hatte Mehmet, ein befreundeter palästinensischer Geschäftsmann aus Beirut, manches gute Wort für mich eingelegt.

Also Amman 1991. Kriegsfieber. Wie ein Heuschreckenschwarm sind die Berichterstatter aus aller Herren Länder

Hamburg, März 2003: Gerhard Kromschröder in seiner Ausstellung »Bomben auf Bagdad« im Hamburger Gewerkschaftshaus. »Diese Kriegsbilder haben eine merkwürdige Aktualität. Der Blick zurück ist wie ein Blick nach vorn.«

über Amman hergefallen. Spätabends an der Interconti-Bar der harte Kern. Journalisten-Stammtisch: Weißt du noch, Kamerad? Die Stunde der Aufschneider, Zeit für Heldengeschichten. (Manchmal fallen auch gute Informationen ab.) Tonangebend sind die alten Schlachtrösser im Medienzirkus, die »war correspondents« in ihrem Combat-Outfit, die jedem Krieg nachjetten und an der Bar so beredt über den geostrategischen Krieg dozieren können wie ein vom Pentagon frisch ernannter West-Point-Professor vor angehenden Offizieren.

Fast gleichauf in der Rangordnung stehen die »senior war photographers«, bei denen auch die gute alte Leica in der Fototasche noch einen Platz hat. Gerne machen sie's auch mal in Schwarzweiß. Wirkt so klassisch erhaben. Keinen Krisenherd dieser Welt haben sie ausgelassen, alles abgehakt: Vietnam, Kambodscha, Nicaragua, Grenada, Angola, Afghanistan. Den Golfkrieg nehmen wir auch noch mit. Und da ist noch der graumäusige Redakteur, der um diesen Auftrag gefightet hat wie ein Löwe. Jetzt hofft er, endlich beweisen zu können, dass er trotz seines abgeschlossenen Jurastudiums ein knallharter Reporter ist. Oder der Bauchladen-Journalist, der mehrere Blätter gleichzeitig beliefert. Seit Monaten wird er kaum noch einen Text los, die Agenturen sind besser und schneller als er, weil näher dran am Krieg. Jetzt hofft er, gleichziehen zu können.

Auf der untersten Stufe der Kriegsreporter rangieren die jungen hungrigen Wölfe, Absolventen von Fotografen-Akademien. Sie haben ihr letztes Geld für die Reise ins Kriegsgebiet zusammengekratzt und

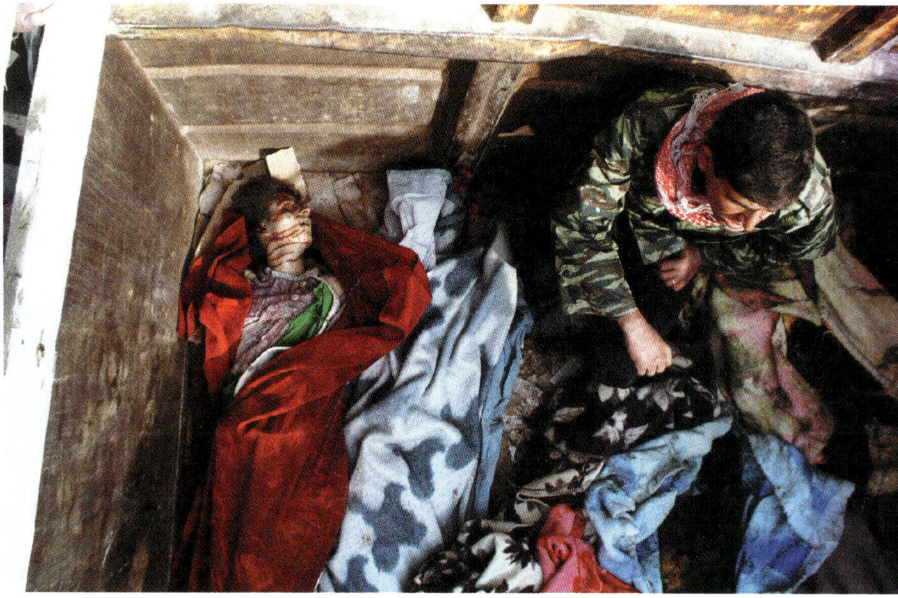

Bagdad, Golfkrieg 1991: Bombenopfer, erschöpfter Helfer. »Ein Fotoapparat ist in solchen Situationen ein ganz segensreiches Ding. Dahinter kannst du dich verstecken, das hältst du zwischen dich und die bittere Realität.«

halten jetzt mit roten Bäckchen tapfer mit. Sie träumen davon, durch den Schuss ihres Lebens mit einem »World Press Photo«-Preis weltberühmt zu werden und ein Angebot von »Magnum« zu bekommen. Und meist sind es diese Frischlinge, die's erwischt, weil sie nicht wissen, dass Mut der Bruder der Dummheit sein kann. Von denen wird dann nur noch ein Bild gedruckt: wie sie im eigenen Blut liegen.

Und dann sind da im Interconti Amman 1991 noch die jungen Fernsehleute von den internationalen Privatsendern, die jetzt überall aus dem Boden sprießen – eine ganz neue Journalisten-Spezies, gleich hordenweise. Nix mehr mit Fotoapparat und Notizblock, jetzt wird Gerät aufgefahren und Wichtigkeit. Allzeit schusssichere Westen angelegt, auch in der friedvollen jordanischen Hauptstadt, auch an der Hotelbar beim Gin-Tonic. Wir sind die neuen Herren der Bilder, schreit ihr raumgreifendes Auftreten. Die Printmedien, das ist doch eine Erfindung aus der Mediensteinzeit, könnt ihr doch vergessen heutzutage. Old man, step aside, here comes the new generation.

Spätabends, eher mitten in der Nacht – wir sind jetzt wieder in Hamburg, 10. März 2003 –, ruft Achim an, ein alter Freund, der immer mitten in der Nacht anruft: Sag mal, sagt er, ich hab mir deine Ausstellung im Gewerkschaftshaus angesehen – da sind ja harte Dinger bei. Ich müsse ja wirklich eine dicke Haut haben, solche Bilder zu machen, ohne sie zu verwackeln.

Ich versuche ihm zu erklären, dass ein Fotoapparat in solchen Situationen ein ganz segensreiches Ding ist. Dahinter

Bagdad, Golfkrieg 1991: Mangelwirtschaft – auf dem Straßenmarkt von Schorja erzielen Petroleum-Lampen und Kerzen Spitzenpreise. »Nichts geht mehr in Bagdad. Es gibt kein elektrisches Licht, kein fließendes Wasser, kein Benzin.«

kannst du dich verstecken, die hältst du zwischen dich und die bittere Realität. Im Sucher schrumpfst du das schreckliche Ereignis, dessen Zeuge du bist, auf Fingernagelgröße, und plötzlich hast du nur noch ein Werkstück vor dir, das es auf der Mattscheibe professionell zu bearbeiten gilt: Stimmen Blende, Zeit, Tiefenschärfe, ist das ein guter Ausschnitt?

Und du überlegst dann, fast automatisch: Oder wirkt's vielleicht doch besser, wenn ich diesen Arzt mit dem Mundschutz noch ins Bild laufen lasse vor den ausgelegten Leichen? Nein, sage ich Achim, das Fotografieren ist in solchen Situationen gar nicht schwer. Es hilft dir vielmehr, weil du dich gar nicht mit dem Horror vor dir auseinander setzen musst, sondern nur mit dessen Abbild. – Ich fürchte, Achim hat's mir nicht abgenommen.

Dienstag, 11. März 2003

Verabredung zum Cappuccino in einem Café auf der Mönckebergstraße mit John, einem amerikanischen Fotografenkollegen, der früher für die internationalen Agenturen und die großen Blätter gearbeitet hat. Er macht einen Stopover in Hamburg, alte Kontakte reaktivieren. Es gibt viel zu reden, die Kinder, die Kollegen. Journalisten in Krisengebieten. Wie das denn in Bagdad gewesen sei, will John wissen.

Nichts habe mehr funktioniert, sage ich ihm, nur die Zensur. Ansonsten sei Bagdad eine Stadt im Chaos gewesen. So habe ich sie 1991 erlebt: Nichts geht mehr. Ganze Straßenzüge liegen in Schutt und Asche. Die meisten Brücken über den Tigris sind zerstört. Das Transportsystem ist zusammengebrochen, es fährt kein Bus mehr,

Bagdad, Golfkrieg 1991: Im Innern des Bunkers von Amiriya suchen Helfer zwischen deformierten Bettgestellen nach Leichen. Die USA behaupteten, es sei eine Militäranlage gewesen. »Ich war dort. Von Tarnanstrich keine Spur.«

kein Taxi. Es gibt kein elektrisches Licht, kein fließendes Wasser, kein Benzin. Es gibt kein Kerosin für die Zimmeröfchen in den kalten Februarnächten. In den Parks sind Bäume abgehackt und als Brennholz verfeuert, zum Kochen, zum Wärmen. Viele schöpfen ihr Wasser aus dem schlammfarbenen Tigris. Der Bürgermeister warnt vor einer Cholera- und Typhus-Epidemie. Die Felder werden nicht mehr abgeerntet, es wird nicht mehr ausgesät. Die Lebensmittel werden knapp. Alle Telefone sind außer Betrieb. Die Schulen sind geschlossen. In den Fabriken wird nicht mehr gearbeitet. In den Kanälen stauen sich stinkende Abwässer. Und jede Nacht dieses durchdringende Sirenengeheul, die Explosionen, das Feuer, die Toten.

John bestellt einen Grappa, er weiß als Kriegsreporter, wovon ich rede. Er war 1991 auf der anderen Seite, in Kuwait bei den Amerikanern. Was in Bagdad passierte, davon hätte er nichts mitbekommen. Die US-Army, die machten professionelle Pressearbeit, würden es verstehen, die Journalisten einzubinden in ihr blutiges Geschäft. In Vietnam, erzählt er, da hätten sich die Militärs ganz nach den Wünschen der Medienmeute gerichtet.

Er erzählt ein Beispiel. Vor einem Hubschrauberrundflug über einem Dorf, das dem Vietcong zugerechnet wird, lässt der amerikanische Presseoffizier den Fotografen die freie Wahl:

Was darf's denn, bittschön, sein, wenn wir nachher die Hütten bombardieren – MG-Salven, Bordgeschützfeuer, Sprengbomben, Splitterbomben oder Napalm? Was waren wir doch für Idioten damals, was für junge Idioten, sagt John.

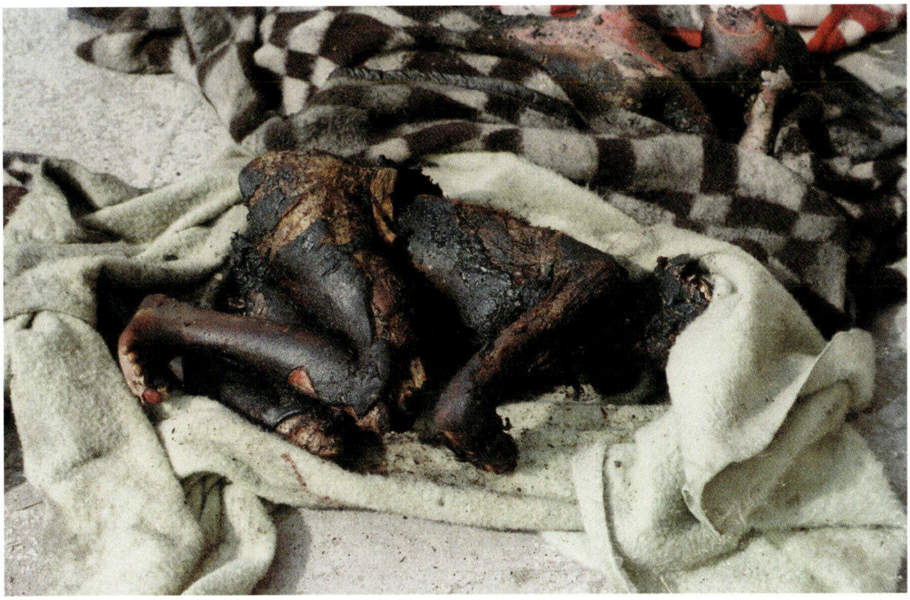

Bagdad, Golfkrieg 1991: Bombenopfer. »Was ich gesehen habe: Hunderte von Toten, vom Feuer zusammengebackenes Menschenfleisch, verkohlte Leiber, auf Kindsgröße geschrumpft. Bilder, die mir immer nachgehen werden.«

Mittwoch, 12. März 2003

Nachts hat wieder das Telefon geklingelt, keiner dran (wollte Achim doch noch mal nachfragen?). Aufgeblieben, geraucht, gezappt. Wieder beim MDR gelandet, Wiederholung einer Magazinsendung. In einem Beitrag geht es um den Bunker von Amiriya in Bagdad, wo 1991 400 Menschen zu Tode gekommen sind. Aufnahmen aus der schwülstig-patriotischen Gedenkstätte, als die der Bunker heute herhalten muss. Porträts der Getöteten, vaterländische Wandsprüche, Blumengebinde, Fahnen. Unter Plexiglasscheiben konservierte Blutflecken.

Der MDR-Kollege berichtet, »Kritiker« bezweifelten, dass dies tatsächlich ein Zivilschutzbunker gewesen sei; diese Kritiker sagten, es sei eine Militäranlage gewesen, in die Saddam bewusst diese Menschen reingeschickt habe, um nachher sagen zu können: Seht ihr, so brutal sind die Amerikaner! (Schade, kein Stift zur Hand, um den genauen Wortlaut mitzuschreiben.) Zum Abschluss des Berichts ein Schwenk aus dem schummrigen Weiheraum zu einem Loch in der Decke des Bunkers, durch das Tageslicht diffus hereinstrahlt.

Da oben hatte ich gestanden, anno 1991, am 13. Februar, das Einschlagloch der Bombe vom Dach aus fotografiert. Ja, ich kenne die Behauptungen der vom MDR so ausführlich zitierten Kritiker von wegen Militäranlage. Gleich nach dem Angriff hatte das Pentagon auch verbreitet, der Bunker sei, ganz typisch für eine militärische Nutzung, mit einem Tarnanstrich versehen. Ich war dort: von Tarnanstrich keine Spur. Was ich gesehen habe: Hunderte von Toten, vom Feuer zusammengeba-

Bagdad, Golfkrieg 1991: Mit »Nachbarschafts-Milizionären«. »Oder sie nötigen dich, dich mit Bewaffneten in einer bombardierten Straße fotografieren zu lassen. Die sollen Eindruck machen. Dabei sind das ganz arme Hunde.«

ckenes Menschenfleisch, verkohlte Leiber, auf Kindsgröße geschrumpft. Bilder, die mir immer nachgehen werden.

Donnerstag, 13. März 2003

Übernächtigt aufgestanden, manche Erinnerungen lassen schlecht schlafen. Am Morgen in den Zeitungen: »US-Superbombe soll Irak schocken«. Im Vorfeld eines möglichen Irak-Krieges habe die US-Luftwaffe im Nordwesten Floridas die bisher größte konventionelle Bombe getestet. Der Sprengsatz wiege 9450 Kilogramm. Die Zwischenüberschrift: »Psychologische Kriegsführung«. Darunter erklärt US-Verteidigungsminister Donald Rumsfeld, der Bombentest solle Bagdads Soldaten die »enormen Nachteile« eines Kriegs vor Augen führen. Der Sprengsatz ist in der Lage, die Lungen von Menschen zu zerfetzen, die sich in einem Umkreis von 30 Kilometern aufhalten. Einen Namen haben die einfallsreichen Militärs auch schon für ihr Superding: MOAB, Massive Ordnance Air Blast, wegen dieses Kürzels im Army-Jargon »mother of all bombs«.

Freitag, 14. März 2003

Im Internet lese ich: »Die Deutsche Journalisten-Union hat angesichts der Irak-Krise alle Berichterstatter aufgerufen, die Grundregeln journalistischer Arbeit – Objektivität, Distanz und Transparenz – unbedingt einzuhalten.« Bei tagesschau.de ein Interview mit Patrick Leclercq, Zweiter Chefredakteur von ARD-aktuell. Überschrift: »Falschinformationen sind Teil der Kriegsführung«. Leclercq erklärt, wie man vermeidet, in irgendwelche Propagandafallen – der einen oder der

Bagdad, Golfkrieg 1991: Wehrübung von Mitgliedern der Baath-Partei auf einem Schulhof. »Die plustern sich dann gerne auf, schreien ›Für dich gebe ich mein Blut, Saddam‹ und mimen die kampfentschlossene Elite.«

anderen Seite – zu laufen: »Am besten ist sicher, wenn es Journalisten gelingt, sich ein eigenes Bild zu machen und möglichst nahe an die Ereignisse heranzukommen.« Gut gesagt.

Vom ARD-Korrespondenten Jörg Armbruster, der zurzeit in Bagdad sitzt, weiß ich, dass die journalistischen Arbeitsbedingungen dort nach wie vor miserabel sind – auf Schritt und Tritt hast du einen geheimdienstgeschulten Begleiter neben dir.

Zeitsprung: Bagdad im Krieg 1991. Diese Leute heißen »Minder«, wörtlich: Wärter, Aufseher. Sie wohnen wie wir im Al-Raschid-Hotel. Sie passen genau auf, mit wem du redest und was dein Gesprächspartner sagt. Sie führen dich nur in bestimmte Gegenden, verbieten dir, bestimmte Dinge zu fotografieren.

Oder sie nötigen dich, dich mit Bewaffneten in einer bombardierten Straße fotografieren zu lassen. Die sollen Eindruck machen. Dabei sind das ganz arme Hunde. Oder sie führen dich zu Wehrübungen auf irgendeinen Schulhof, wo die Baath-Partei exerziert. Die plustern sich dann gerne auf, schreien »Für dich gebe ich mein Blut, Saddam« und mimen die kampfentschlossene Elite.

Richtig bösartige Zensoren werden die Minder, wenn die Kollegen einen Text rausschicken wollen oder einen Fernsehbeitrag! Da wird gestrichen und ergänzt, Bilder fliegen raus, andere, propagandistisch passendere müssen reingenommen werden. Das musst du fressen, sonst bist du deine Akkreditierung los, basta.

Mein Minder hieß Amir, und er hat mich eher beflügelt als behindert – das kann ich

Bagdad, Golfkrieg 1991: Nächtliches Kinderfest unter einem Porträt Saddam Husseins in voller Kriegsmontur. »Sie feiern, als scherten sie sich nicht um den Tod, der vom Himmel kommt – bis die Sirenen wieder heulen.«

heute sagen, weil er nicht mehr im Irak, sondern seit 1994 in London lebt. Er führt mich – auch nachts, was streng verboten ist – in die Stadt, zeigt mir für Journalisten gesperrte Gegenden.

Mit seiner Hilfe erlebe ich, außerhalb des üblichen Programms, wie die Menschen von Bagdad versuchen, trotzig ihr Leben weiterzuleben. Sehe Kinder, die
 nachts feiern, als scherten sie sich nicht um den Tod, der vom Himmel kommt – bis die Sirenen wieder heulen. Amir vermittelt mir Gesprächspartner, die nicht vom Geheimdienst präpariert sind. Macht beide Augen zu, wenn ich fotografiere, was seine Vorgesetzten nicht abgebildet sehen wollen.

Zum Glück komme ich nie in die Situation, von Bagdad aus schreiben zu müssen. Ich schaffe es, nach Jordanien auszureisen, wo ich ohne Schere im Kopf und ohne Zensor im Nacken meine Manuskripte fertig machen kann. Und meine Fotos, die soll ich zwar vorlegen, aber am Tag meiner Ausreise ist der dafür zuständige Fotomensch aus dem Propagandaministerium nicht da. Das ist die Stunde von Amir. Ihm gelingt es, mir für den Grenzübertritt neben dem Ausreisevisum (ja, das braucht man im Irak) auch einen »Photo Permit«, einen Passierschein für mitgeführte Fotos, mit ganz vielen originalen Dienststempeln zu organisieren – dass der funktionieren würde, glaube ich erst, als ich die irakischen Kontrollen inklusive Leibesvisitation an der Grenze nach Jordanien überstanden habe.

Hier, in der Syrischen Wüste, wo keiner so recht weiß, wo denn nun die Grenze verläuft, treffe ich sie in den überfüllten

Irakisch-jordanisches Grenzgebiet, Golfkrieg 1991: Flüchtlingslager, indische Gastarbeiter. »Da sitzen sie dann im Niemandsland als Strandgut des Krieges und fragen sich, warum man sie mit Panzergranaten und Bomben verfolgt.«

Flüchtlingslagern, nur notdürftig versorgt: die Flüchtlinge. Da sitzen sie dann im Niemandsland als Strandgut des Krieges und fragen sich, warum man sie mit Panzergranaten und Bomben verfolgt.

Samstag, 15. März 2003

Die Nachbarn von oben geben ihren Schlüssel ab, für alle Fälle. Sie wollen ein paar Wochen nach Mallorca, Pollenca, im Norden der Insel. Kenne ich, sage ich, hübscher Ort. Schattige Plaza, Kalvarienberg. Schnell in der Tramuntana, wenige Kilometer bis Port de Pollenca, Sandstrand. Ich wünsche ihnen einen schönen Urlaub.

Nachts wieder rumgezappt (heute kein Anruf). In allen Sendern wieder die alten Bilder aus dem Blick der Bomben. Und, von den Fernsehredakteuren jetzt auch gerne gezeigt: gut gelaunte, braun gebrannte US-Soldaten beim Manöver im Aufmarschgebiet. In ihren hellen Uniformen, die an Freizeitkleidung erinnern, steuern sie ihre Panzer so ungestüm durch den aufspritzenden Wüstensand wie Dubai-Urlauber ihre Off-Road-Autos beim Dünen-Hopping. Wenn man diese fröhlichen Ranger sieht, denke ich, da fällt's doch leicht zu sagen: Wieso nicht – machen wir halt Krieg.

Sonntag, 16. März 2003

Termin in Berlin. In einer Grünanlage am Brandenburger Tor abgebrannte Kerzenstummel, in der Gosse ein Stück Pappe. »No War« hat jemand in ungelenker Schrift draufgeschrieben. Gestern haben hier 100000 demonstriert, ihre Lichterkette war 35 Kilometer lang. Der »Bild am Sonntag« schreibt ein Hans G. Bruckschen

Bagdad, Golfkrieg 1991: Angehörige am Zaun des Amiriya-Bunkers, in dem 400 Menschen getötet wurden. »Immer wieder denke ich an den Todesbunker, wo die Frauen draußen riefen: ›Sagt uns, wer tot ist, sagt uns, wer lebt‹.«

aus 33803 Steinhagen: »Saddam Hussein wäre schon vergessen, wenn die europäisch-amerikanische Allianz gestanden und den Druck ausgeübt hätte, den dieser Diktator versteht: kontrollierte Abrüstung oder ›eins auf die Mütze‹ …«

Montag, 17. März 2003

Mit dem ICE zurück nach Hamburg. In tagesschau.de lese ich: »Krieg im Irak rückt näher. Die Anzeichen für einen baldigen Krieg im Irak mehren sich. Die Aussicht auf eine Militäraktion sei jetzt ›viel wahrscheinlicher‹, sagte der britische Außenminister Straw. Bei einem Treffen der EU-Außenminister in Athen wurde in den meisten Delegationen mit einem Militärschlag im Laufe der nächsten Woche gerechnet.« Im Menü wird noch ein Artikel mit der Überschrift »USA planen mit bis zu 380000 Soldaten« angeboten. Ich schalte aus.

Jetzt in allen Nachrichtensendungen: Die Journalisten verlassen das Land, viele fahren die 1000 Kilometer lange Strecke zurück nach Amman im Pulk zusammen mit den Botschaftsleuten ihres Landes. Nervosität macht sich breit. Jörg Armbruster von der ARD wirkt abgekämpft, angegriffen: »Unsere Arbeitsbedingungen werden immer mehr eingeschränkt.« Auch sein Team ist auf dem Sprung. Die Männer vom Propagandaministerium haben sie mit einem Drehverbot belegt; sie dürfen das Pressezentrum nicht mehr verlassen.

Gestern, bis nach Mitternacht, lief in der ARD die Dokumentation »Wiedergefundene Gesichter – Menschen im Golfkrieg«, ein sauber recherchiertes Stück

Bagdad, Golfkrieg 1991: Eine Frau in den Trümmern ihres Hauses. »Über Nacht ist sie irre geworden. Sie läuft durch das, was für sie immer noch ihr Wohnzimmer ist, und ruft ihre Kinder zum Essen – dabei sind die längst tot.«

Journalismus, auch mit Opfern der irakischen Scud-Angriffe auf Israel. Auch mit Bildern aus dem Todesbunker von Amiriya. In den Bagdad-Fotos von damals gewühlt, die Negative durchgesehen. Die Vergrößerungen aus dem Mappenschrank geholt, sortiert. Beim Bild »Das Mädchen mit der Goldkette«, auch eines der Opfer von Amiriya, hängen geblieben. Schräg liegt sie im Bild, in ihrem Wollpullover mit der Aufschrift »Cortina 1950« haben sich Mörtelteile verfangen. Ihr Bruder hatte sie nur noch anhand des Goldkettchens um ihren Hals identifizieren können. Weinend und schreiend, erinnere ich mich, hatte er seinen Kopf gegen eine Mauer geschlagen, bis ihm das Blut übers Gesicht lief. – Warum hab ich das eigentlich nicht fotografiert, warum hab ich da nicht funktioniert?

Ich glaube, wir waren damals alle ziemlich durchgeknallt in Bagdad 1991. Reporteralltag im Krieg: tagsüber Lokaltermin an den Orten des Schreckens. Ganze Stadtteile in Schutt und Asche, verbogene Eisenträger, verkohltes Holz. Dazwischen die Leichen. Früher arabischer Sonnenuntergang. Die Bilder, die sich den Tag über festgesetzt haben. Der Zaun von Amiriya. Immer wieder denke ich an den Todesbunker, wo die Frauen draußen riefen: »Sagt uns, wer tot ist, sagt uns, wer lebt.« Oder die Erinnerung an die Frau, die durch die Trümmer ihres Hauses stolpert. Über Nacht ist sie irre geworden. Sie läuft durch das, was für sie immer noch ihr Wohnzimmer ist und ruft ihre Kinder zum Essen – dabei sind die längst tot.

Nachts versuchen wir zu schlafen trotz der Bilder, trotz des Bombengedröhns. In

Irakisch-jordanisches Grenzgebiet, Golfkrieg 1991: Krieg oder Frieden? Flüchtlingslager in der Syrischen Wüste mit einem Wegweiser, den Mitglieder des Internationalen Komitees des Roten Kreuzes aus Genf aufgestellt haben.

den Bunker des Al-Raschid-Hotels geht kaum einer. Die Scheiben des Hotelzimmers mit breiten Tapestreifen kreuz und quer verklebt (damit sie, falls sie von einer Druckwelle eingedrückt werden, nicht allzu sehr splittern). Die Liegestatt hinterm Bett auf dem Boden eingerichtet (vonwegen rumfliegender Glassplitter, s.o.).

Nachts mit der Taschenlampe durch die stockdunklen, langen Hotelflure des Al-Raschid getigert (es gibt ja keinen Strom), froh, jemanden zu treffen. Und da macht so eine Nachricht schnell die Runde: Heute Nacht Zimmer 523 – einer hat auf dem Markt von Schorja eine Kiste italienischen Rotwein organisiert. Wir machen Party. Tanz auf dem Vulkan. Meist feiern wir bei Khalil, einem palästinensischen Kollegen, der seit einer Woche mit Judy aus Washington in einem Zimmer zusammenlebt. Sie haben sich's nett eingerichtet. Vom Basar zwei dieser Tischchen mit den gehämmerten runden Kupfertabletts, im Eingang ein schöner Berber. Und im Fenster so ein hübscher Vogelkäfig aus Holz, ganz filigran gearbeitet, mit zwei gelben Kanarienvögeln. Sie fungieren als Frühwarnsystem. Wenn sie von der Stange fallen, weiß man, dass Giftgas in der Luft ist. Khalil und seine Freundin haben die Vögel »Scud« und »Patriot« getauft.

Dienstag, 18. März 2003

2.13 Uhr MEZ. Präsident Bush hat gesprochen. Noch 48 Stunden. Der Countdown läuft. Diesmal wollen die Amerikaner nicht vor Bagdad Halt machen. Den Berichten der verbliebenen Journalisten ist zu entnehmen, dass sich die Zivilbevölkerung in der irakischen Hauptstadt für den neuen Krieg bereitmacht. Viele fliehen aus der Stadt. Ladenfronten sind vermauert, Brunnen im Vorgarten gebohrt, Vorräte gehortet. Die Keller sind mit Sandsäcken verstärkt – ein kläglicher Schutz gegen die tödliche Luftfracht. Und dann wird vielleicht noch ein Häuserkampf um Bagdad über sie hereinbrechen – und wieder würde, wie offensichtlich in allen Kriegen, die Zivilbevölkerung zwischen den Fronten zerrieben. Den Menschen an Euphrat und Tigris steht eine schlimme Zeit bevor. Wäre ich religiös, würde ich für sie beten.

Mittwoch, 19. März 2003

Sara, die Tochter, meldet sich nach langen Monaten. Es geht ihr gut, sagt sie. Wenigstens das.

Westflügel des Hamburger Uni-Hauptgebäudes. In einem Fenster neben dem Café Libresso die vergrößerte Kopie eines Fotos aus dem Irak-Krieg. Darauf ist ein US-Soldat auf einem Panzer zu sehen. Er hält ein Schild in die Kamera, auf dem steht: »F*ck Germany + France«. Ein GI ist sauber, er benutzt keine Fäkalsprache, keine Four-Letter-Words. Durch das Sternchen sind's nur drei.

Unterwegs zu unserem Pro-Markt – es fehlen mal wieder Bananen, Milch, Lindenberger in Scheiben, die eingeschweißte Pommersche Gutsleberwurst von Rügenwalder und fürs Thai-Kochen Sojabohnen-Keimlinge von »Bamboo-Garden« in den Gläsern mit dem roten Schraubverschluss (gleich vier Stück mitbringen!). An einem Trafokasten neben dem komischen Kleiderladen mit dieser schrecklich netten Verkäuferin ist mit Tesa ein gelber Handzettel angeklebt. Verfasst ist er, so lese ich, von »The Lightwave – Switch on for Peace«. Überschrift: »Jetzt jeden Abend um 20 Uhr! Hamburg blinkt gegen den Krieg. Einfach zwei Minuten lang das Licht an- und ausschalten!« Der Text: »Die Grindelhochhäuser haben es vorgemacht. Nun blinken täglich mehr Fenster für eine friedliche Lösung der Irak-Krise. Machen Sie mit! Wenn unsere ganze Stadt blinkt, dann ist das ein weltweites Signal an alle verantwortlichen Regierungen!« Unten steht: »Es blinken u. a. mit: Dagmar Berghoff, Bruno Bruni, Mareike Carrière, Susanne Daubner, Marek Erhardt, Udo Lindenberg, Corny Littmann, Mary Roos, Wilhelm Wieben.« Mit denen möchte ich meinen Frieden nicht machen.

Donnerstag, 20. März 2003, 1. Kriegstag

- Die Lage: Die Vereinigten Staaten haben am Morgen um 3.30 Uhr den Krieg gegen den Irak mit einem gezielten Angriff auf den irakischen Machthaber Saddam Hussein in Bagdad begon-

IN IRAQ · OPERATION IRAQI FREEDOM · KRIEG IM IRAK · DONNERSTAG, 20. MÄRZ 2003, 1. KRIEGSTAG · WAR IN IRAQ · OPERATION IR

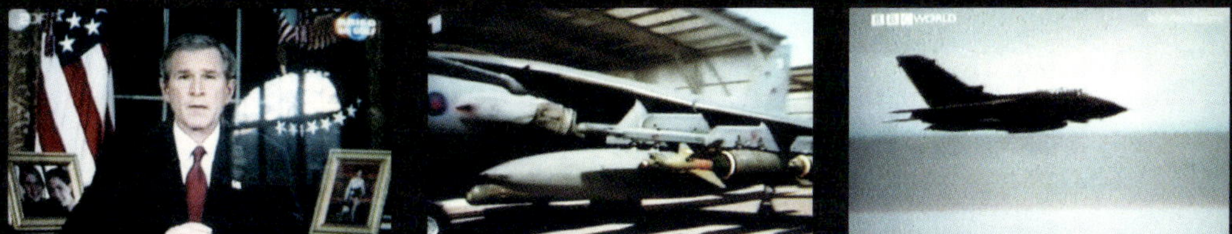

CNBC
EUROPE
OPERAT
IRA
FRE
RIGHT
EWS PROVIDED U.S. FO

GOLF
KRIEG
2003

GOLF KRIEG 2003

WAR
IN IRAQ

GOLF KRIEG 2003

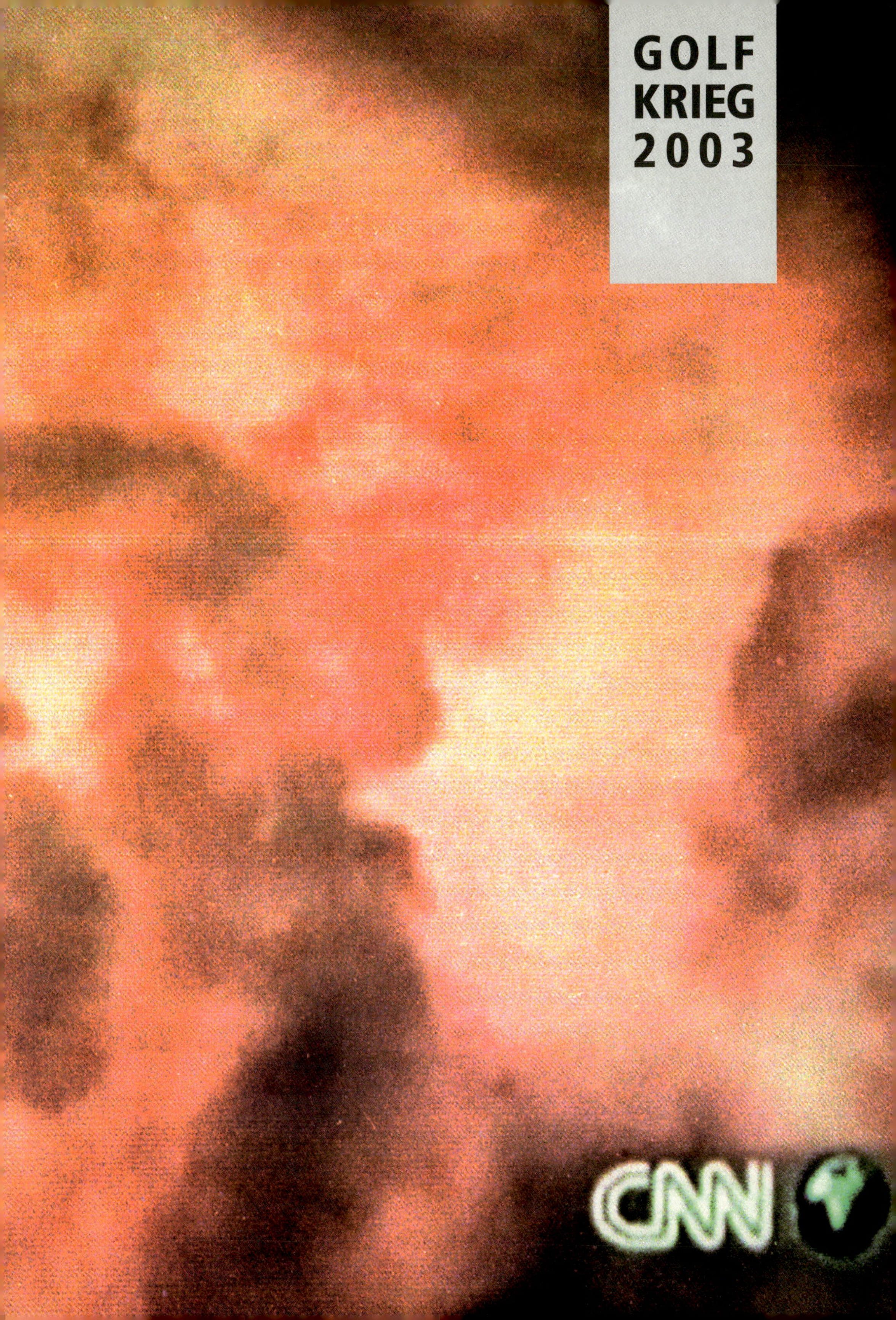

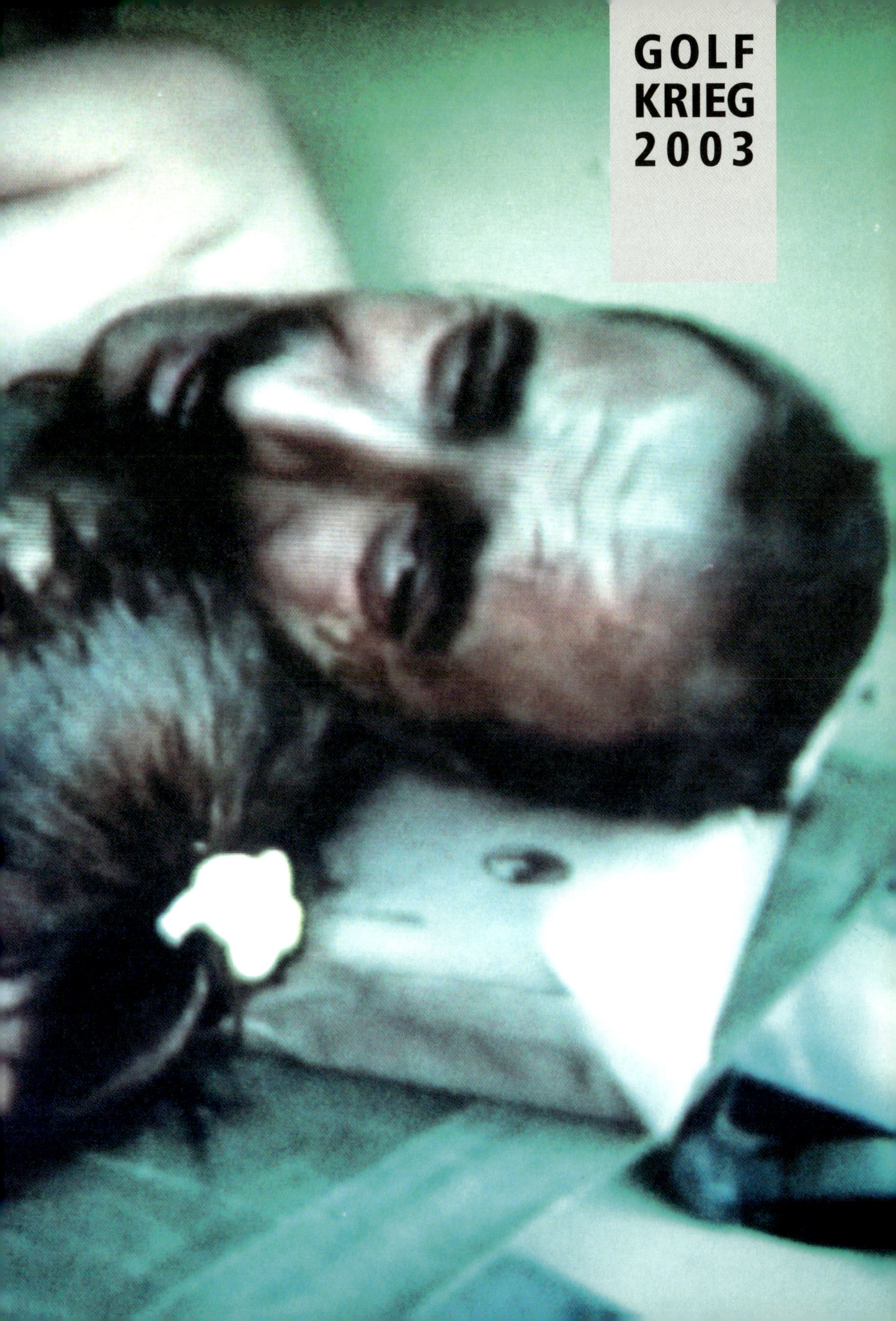

GOLF KRIEG 2003

nen. Die Bombardements durch Bomber und Marschflugkörper auf Gebäude der Hauptstadt Bagdad sollen nach Angaben der US-Regierung die engere Führung töten. US-Präsident George W. Bush sagt in einer Rede an die Nation, der Krieg zur Entwaffnung des Irak und zur Befreiung seiner Bevölkerung habe begonnen.

Im Fernsehen die ersten Bilder. Die ersten Detonationen, die ersten Rauchfahnen. Stundenlang sendet eine auf dem Dach des Propagandaministeriums fest installierte Kamera Live-Bilder aus Bagdad, einer grauen Stadt im fahlen Licht der Frühe. Ich höre Vogelgezwitscher, sehe vereinzelte Autos mit eingeschalteten Scheinwerfern die Al-Raschid-Brücke über den Tigris queren. Der Gebetsruf der Muezzins. Die ersten Fußgänger, ohne Hast.

Ich mache eine Kopfreise, streife durch Bagdad. Wenig Spuren von früher, wenig ist geblieben von der ehemaligen Kulturhauptstadt des Orients, vom New York des Altertums. Nur die alten Geschichten. Die vom Kalifen Harun al-Raschid (786–809) zum Beispiel, der bis heute als Prototyp des orientalischen Herrschers gilt und der sich in Verkleidung unerkannt unter seine Untertanen gemischt haben soll. Heute ist Bagdad eine moderne arabische Millionenstadt, laut und staubig. Das westliche Bild vom malerischen Orient, hier ist es schwer zu finden. Breite Verkehrstrassen, heruntergekommene Stadtteile mit viel Armut, von den Ölmillionen gebaute Hochhäuser für die Nomenklatura mit dem Charme von Berlin-Marzahn. Vom Bagdad Tower am Zawra-Park, in dem sich gut picknicken lässt, ein schöner Blick auf die Stadt, die von der Haarnadelkurve des Tigris durchschnitten wird. Ähnlich, denke ich, müssen auch die alliierten Bompiloten der Stadt ansichtig werden, die jetzt Bagdad bei Tage anfliegen.

Weiter die Live-Bilder aus Bagdad in Dauereinstellung. Vormittagslicht, noch leicht diffus. Der Verkehr hat zugenommen. Die Stadt ist aus der ersten Kriegsnacht erwacht. Mischa klingelt, ein alter Freund und Kollege, der jahrzehntelang als fest angestellter Fotograf für unser Bilderblatt gearbeitet hat. Wir haben viel zusammen gemacht. Zum Beispiel den abgetauchten Milliardär Friedrich Karl Flick während der nach ihm benannten Spendenaffäre aufgetrieben. Offiziell hieß es, er befinde sich zur Krankenbehandlung in den USA. Mischa und ich haben ihn dann aber kreuzfidel in seinem Jagdrevier an der österreichischen Grenze zu Ungarn bei der Fasanenjagd überrascht. Der Fernseher läuft ohne Ton weiter. Wir sitzen an meinem Schreibtisch, Blick auf die Straße, wo sich Autofahrer die Parkplätze streitig

N IRAQ · OPERATION IRAQI FREEDOM · KRIEG IM IRAK · DONNERSTAG, 20. MÄRZ 2003, 1. KRIEGSTAG · WAR IN IRAQ · OPERATION IRA

machen. Das ist kurzweilig anzugucken, und man muss nicht reden. Dann doch. Journalism in war times.

In den letzten Jahren ist Mischa als gebürtiger und überzeugter Jugoslawe mit seiner Sicht der Situation in der Krisenregion Balkan immer wieder mit den politischen Leitlinien des Blattes in Konflikt geraten. Sie haben ihn zermürbt, weil er oft genug nicht die Bilder beigebracht hat, die man als Begleitmusik für Kriege braucht und die sie in der Chefredaktion bereits vorgemalt hatten. Im Kosovo-Krieg zum Beispiel. Er solle doch jetzt endlich die Lager mit den von der serbischen Soldateska vergewaltigten Frauen beibringen, wurde er aufgefordert – damit konnte er nicht dienen. Da wurde ihm die FAZ vorgehalten: »Ich fuhr im Zug der vergewaltigten Frauen«, stand da als Überschrift, und er wurde einer peinlichen Befragung unterzogen, warum er denn, verdammt noch mal, diese Frauen nicht fotografiert habe, er sei doch auch mit diesem Flüchtlingszug nach Deutschland gefahren. Mischa verteidigte sich, er habe die gewünschten Bilder nicht, weil er, obwohl der Sprache durchaus mächtig, keine einzige »vergewaltigte Frau« habe finden können. Gelbe Karte für Mischa.

Als er die Kollegin, die den Artikel für die FAZ geschrieben hatte, später zur Rede stellt, sie habe doch gelogen, meint sie, so habe sie das doch gar nicht geschrieben. Die Redaktion habe ihren Text halt etwas »angespitzt«.

Wollte eigentlich nach Hannover, bleibe aber hier. Die Fernbedienung ist eine hilfreiche Erfindung. CNN sendet kurz Bilder, auf denen Kriegsverletzte zu sehen sind: eine Frau in einem Krankenhaus, zwei Kinder mit Verbänden und ein Mann in einem Auto, der sich die Hände vor den blutenden Unterleib hält.

Auf CNN sehe ich auch Saddam Hussein, aus dem irakischen Staatsfernsehen. Er trägt Uniform und hat eine überdimensionierte Hornbrille auf, die aussieht wie ein Geschenk Honeckers aus dem Arsenal des realsozialistischen Krankenwesens. Saddam liest von Notizzetteln ab. Er richtet seine Worte gegen den »brutalen, kleinen Bush«. Er wird poetisch: »Zieht euer Schwert ohne Angst und Panik, und das Universum wird Zeuge dessen sein, was geschieht.« Hebt dann ganz ab: »Bereitet eure Pferde auf die Schlacht vor und lasset ihnen freien Lauf. In ihren Mähnen werden sie die Hoffnung tragen.«

Freitag, 21. März 2003, 2. Kriegstag

- Die Lage: Massive US-Luftangriffe erschüttern Bagdad, mehrere Menschen sterben. Amerikanische und britische Bodentruppen überschreiten

mit mehr als 1000 Panzern die Grenze von Kuwait in den Irak. Bei ersten Gefechten um den Ölhafen Umm Kasr und die Halbinsel Fau werden zwei US-Marines getötet. Beim Absturz eines US-Transporthubschraubers kommen in Kuwait acht britische Royal Marines und vier US-Soldaten ums Leben.

Ich montiere meine Kamera auf ein Stativ, stelle sie vorm Fernseher auf, fokussiere sie auf den Bildschirm. Ich will ab jetzt dokumentieren, welche Bilder wir gezeigt bekommen vom Krieg. Ich sehe wieder Explosionen in Bagdad, wieder Feuer, wieder Rauchfahnen. Gibt es denn keinen besseren Weg, denke ich, ein Land zu demokratisieren, als es mit Bomben zu bewerfen?

Dauerfernsehen. Den ganzen Tag diese Bilder. Graubraune Kriegsbilder. Der alliierte Vormarsch durch die Wüste auf Bagdad. Die Bilder verfolgen mich zu Hause, und sie verfolgen mich, wenn ich draußen bin. Im Hamburger Hauptbahnhof sehe ich sie im Vorübergehen auf einem Großbildschirm. Ich nehme den Ausgang Nordseite. Dort draußen wird seit einigen Monaten klassische Musik über Lautsprecher abgespielt – zur Abschreckung. Heute ist Johann Sebastian Bach dran, von den Brandenburgischen Konzerten die Nummer 4, G-Dur BWV 1049, Allegro, Andante-Presto. Damit sollen Penner, Dealer und Junkies vertrieben werden. Auf den weißen Papierkörben aus Metall eine Abbildung des gemeinen Haussperlings in Steinadlergröße. Darüber steht in blauer Schrift: »Ihr Clean-Spatz hält den Bahnhof sauber.«

Mit den Bildern vom Krieg, die uns privat und öffentlich dargeboten werden, können wir wie mit einem Scherenfernrohr aus dem sicheren Unterstand unserer wohl geordneten Welt auf einen fernen, fremden Planeten blicken, kahler und wüster als der Mond. Auf dem 24-Stunden-Erlebniskanal CNN sehe ich eine endlose, graubraune Fläche. Vertikal eine Betonpiste, die sich im Horizont verliert. Die vagen Umrisse einiger Panzer im körnigen Frühnebel der Wüste. Schemenhafte Soldaten, deren Köpfe durch die Stahlhelme überproportional groß wirken. – Aber was erzählen uns diese Bilder, und was sollen sie uns erzählen?

Abends Fahrt zum Studio Hamburg, draußen in Rahlstedt, das auch im gnädigen Dunkel seine Trostlosigkeit nicht verstecken kann. Ich bin bei Johannes B. Kerner. Wegen der Sondersendungen zum Krieg wird die Live-Ausstrahlung nach hinten geschoben, dauert schließlich bis nach Mitternacht. Frage, wie ich die Kriegschancen einschätze. Oder so. Ich

N IRAQ · OPERATION IRAQI FREEDOM · KRIEG IM IRAK · FREITAG, 21. MÄRZ 2003, 2. KRIEGSTAG · WAR IN IRAQ · OPERATION IRAQI FR

sage, Saddam befehlige eine Lumpenarmee, das komme mir vor wie im Indianerkrieg, wie das Gemetzel am Wounded Knee: Da standen hochgerüstete Soldaten mit modernen Repetiergewehren den Eingeborenen gegenüber, die kaum etwas hatten außer Pfeil und Bogen. Klar, wer gewonnen hat.

Samstag, 22. März 2003, 3. Kriegstag

- Die Lage: Die Alliierten setzen ihre Offensive »Schock und Schrecken« fort. Schwere US-Angriffe auf Basra. Iraks Informationsminister Mohammed Said El Sahhaf behauptet, bei Angriffen auf Bagdad seien 77 Zivilisten getötet worden. Angeblich 45 weitere Menschen sterben durch US-Angriffe auf Stellungen islamistischer Extremisten im Nordirak. Sechs Briten und ein US-Soldat kommen bei der Kollision von zwei Hubschraubern über dem Golf ums Leben. Auf einem US-Militärcamp in Kuwait zündet ein Soldat Granaten und tötet einen anderen GI. Umm Kasr wird als erobert gemeldet, doch der irakische Widerstand flackert bald wieder auf.

Im Schneideraum des Norddeutschen Rundfunks, Redaktion »Tagesthemen«. Die Kollegen haben mich und einen Militärexperten gebeten, sich das braungraue Material mal anzusehen, das ihnen rund um die Uhr von den auf alliierter Seite filmenden Journalisten angeboten wird – wie authentisch ist das? Erste Sichtung: Mein Gott, sind wir denn in Hollywood? Wie hat dieser Iraki, der sich gerade ergibt, es nur geschafft, mitten in der Wüste die weiße Fahne hinten so exakt, wie mit der Maschine, umzunähen, dass sie sich passgenau über den Stock ziehen lässt, mit dem er jetzt im körnigen Graubraun herumwedelt? Oder: Wir sind Zeugen einer Kampfsituation. US-Soldaten beschießen mit Sturmgewehren ein klägliches Wüstengehöft, vor dem ein in den Sand eingegrabener irakischer Panzer zu sehen ist. Dicht daneben stehen schwarz gekleidete Frauen und Männer in der Dischdascha, dem von den Schultern bis zu den Knöcheln reichenden luftigen Gewand der Golf-Araber. Eigentlich legt die Arglosigkeit der Dorfbewohner nahe, dass das Kampfgefährt vom Gegner längst verlassen ist. Trotzdem ballern die Soldaten weiter, juchzen bei jeder Salve. Ein Fahrradfahrer strampelt mehrmals gemächlich durchs diffuse Bild. Ja, was denn nun? Benutzen die denn Platzpatronen? Alles Show-Biz?

Eine neue MAZ wird eingelegt. Mit dabei: Da steht ein US-Soldat über der geöffneten Luke eines verlassenen irakischen Panzers, dreht sich zur Kamera um, sein Mund formt das Wort: Ready? Dann zieht er eine Handgranate ab, wirft sie

· KRIEG IM IRAK · SAMSTAG, 22. MÄRZ 2003, 3. KRIEGSTAG · WAR IN IRAQ · OPERATION IRAQI FREEDOM · KRIEG IM IRAK · SAMSTAG,

in die Luke, springt herunter, rennt weg. Nach drei Sekunden die Detonation – aber warum, um Gottes willen, züngeln dann plötzlich auf dem ganzen Oberdeck und am Panzerrohr diese Flammen empor? Der Militärexperte weiß, warum: »Da haben sie vorher Benzin drüber geschüttet.« Dann diese Szene: In einem britischen Hubschrauber, der offensichtlich im Landeanflug ist, um gleich Infanteriesoldaten abzusetzen. Der Reporter schreit ins Rotorengedröhn: »Wir nähern uns unserem Ziel.« Der Reporter? Das ist der, der spricht. Aussehen tut er wie alle anderen: Stahlhelm mit Stoffüberzug und Kinnriemen, Uniform im wüstenangepassten Camouflage-Look. Alle äußeren Unterscheidungsmerkmale zwischen Journalist und Soldat sind aufgehoben. Auch der Feind kann die beiden Berufsgruppen nicht mehr voneinander unterscheiden.

Sonntag, 23. März 2003, 4. Kriegstag

- Die Lage: Die Bodenoffensive wird von heftigen Luftangriffen auf die irakische Hauptstadt, auf Mosul und Kirkuk im Norden begleitet. Erbitterte Kämpfe um die südirakische Stadt Nasserija am Euphrat. Es bietet sich ein ähnliches Bild wie in Umm Kasr: Reguläre irakische Truppen leisten Amerikanern und Briten heftigen Widerstand. Vermutlich zwölf US-Soldaten kommen ums Leben. Zwei britische Soldaten werden im Südirak vermisst, nachdem ihr Tornado versehentlich von einer US-Patriot abgeschossen wurde – durch »friendly fire«. Mehrere US-Soldaten sind in Gefangenschaft geraten.

Wieder stundenlang CNN geguckt. Wieder Planetenblick. Es läuft, wie schon all die Tage, rund um die Uhr die Kriegsshow »Strike on Iraq«. Wir werden ins Pentagon umgeschaltet. Da blickt dann ein seriös gekleideter Herr ernst in die Kamera, links flankiert vom effektvoll drapierten Sternenbanner, rechts das wappenähnliche Zeichen des Militärzentrums, der fünfeckige, ganz flach wirkende Monumentalbau. Die Staffage, das Auftreten – ein Regierungsvertreter, denke ich. Isser nich. Das ist Jamie McIntyre, der »pentagon correspondent« von CNN. Zufällig sehe ich jetzt auch in BBC World, dass die ihren Mann im Pentagon vor derselben Ausstattung auftreten lassen. Merkwürdig, denke ich: Wenn man als Zuschauer beim Pentagon recherchierende Journalisten optisch nicht mehr von Pentagon-Offiziellen unterscheiden kann, führen einen die Bilder irgendwie in die Irre.

Die echten Sprecher des Pentagon (Staffage: wie oben), das sind der Zwei-Sterne-General Stanley McChrystal und Victoria Clarke. Der General muss schwer darum gekämpft haben, bis sie ihn vor die Ka-

N IRAQ · OPERATION IRAQI FREEDOM · KRIEG IM IRAK · SONNTAG, 23. MÄRZ 2003, 4. KRIEGSTAG · WAR IN IRAQ · OPERATION IRAQI F

mera ließen. Denn er hat diese großen, spitzen Ohren, die sich Leonard Nimoy im »Raumschiff Enterprise« für seine Rolle des Mister Spock für jeden Drehtermin mühsam ankleben lassen musste. Die blond gefärbte Frau neben ihm wirkt leicht verspannt, will zackig erscheinen. Hat so einen gnadenlosen Mund wie ein kurzer, knapper Strich. Sie muss ebenfalls viel gefightet haben, um in der Männergesellschaft des Militärs nach da ganz oben zu kommen. Mit schnarrender Stimme weist sie die Journalisten zurecht, schnurrt kalt die Waffentypen, Einheiten und Kollateralschäden herunter. Verblüffend: Sie trägt immer ganz extravagante Kleidung, jeden Tag eine neue Überraschung. Mal ist es wie von Mondrian entworfen – strenge, große Farbkaros, links pinkfarbener Kragen, rechts einer in Knallgelb. Mal ein chanelhaft wirkendes, schlichtes Kostüm, dann wieder eine giftgrüne Weste zur blutroten Bluse. Will sie damit menschlich sein, gar weiblich?

Dann wieder die üblichen Bilder vom fernen Wüstenplaneten, unscharf, verwackelt, ereignislos. Neuerdings auch noch aufgenommen mit Digitalkamera und weitergebeamt über den E-Mail-Anschluss. Noch unschärfer, noch verwackelter, noch ereignisloser. Dafür permanent zuckend und geheimnisvoll verpixelt. Die Absender dieser kryptischen Bildbotschaften sind die »embedded journalists«, die eingebetteten Reporter auf Seiten der Invasionstruppen. Manchmal habe ich den Eindruck, sie sagen alle dasselbe: nichts. Die Illusion von Information. Die Embedded unterstehen der militärischen Befehlsgewalt, unterliegen der Zensur. Sie tragen oft genug Uniform, und sie sind so von den Kombattanten äußerlich nicht mehr zu unterscheiden. Die Folge: Corpsgeist, Corporate identity in der Männergesellschaft des Militärs? Die Soldaten, mit denen ich Verpflegung und Zelt teile, sind meine Kameraden, und ich bin ihr Kamerad? Der Moralist sagt jetzt knallhart: Die Presse, die Vierte Gewalt, verkommt unter einer solchen staatlichen Kontrolle zur Fünften Kolonne des Militärs. Oder: Jetzt können wir uns verabschieden von den hohen journalistischen Tugenden: Unabhängigkeit, Unbestechlichkeit, Objektivität. Und der Kalauer sagt über die Embedded: Wie man sich bettet, so lügt man.

Dem Hobby-Historiker fielen vielleicht noch die Propaganda-Kompanien der Deutschen Wehrmacht im Zweiten Weltkrieg ein, die unverhüllt machten, was ihr Name sagt: Propaganda. Diese PK-Leute, möglicherweise durchaus honorige Journalisten, waren Teil der kämpfenden Truppe Nazi-Deutschlands und hatten die

· KRIEG IM IRAK · SONNTAG, 23. MÄRZ 2003, 4. KRIEGSTAG · WAR IN IRAQ · OPERATION IRAQI FREEDOM · KRIEG IM IRAK · SONNTAG

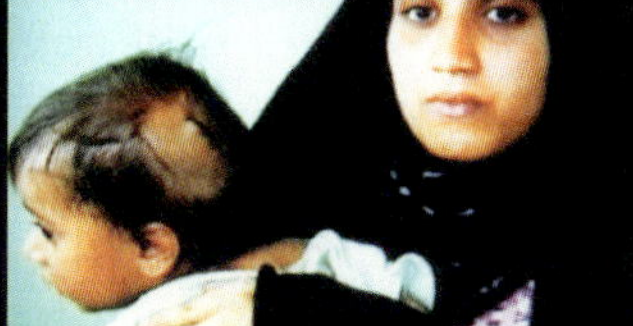

WAR IN IRAQ
TRAVELING WITH THE U.S. ARMY IN IRAQ

GOLF KRIEG 2003

Bildstörung: Nach den ersten Tagen des schnellen US-Vormarsches auf Bagdad behindert der schlimmste Sandsturm, der die Golfregion seit Jahren heimgesucht hat, das weitere Vorwärtskommen sowie das Zustandekommen anschaulicher Bilder des Kriegseinsatzes; die PR-Strategie der Alliierten wird durchkreuzt. Stattdessen bestimmen grobkörnige, graubraune Flächen und unscharfe Konturen die Fernsehbilder.

GOLF KRIEG 2003

Journalismus unterm Stahlhelm: Die alliierten Invasionstruppen werden von »embedded journalists« begleitet, Reportern, die die Kampfeinheiten begleiten, dort »eingebettet« sind. Sie unterliegen u.a. der Militärzensur. Oft genug gefallen sich diese Journalisten darin, sich auch äußerlich nicht von den Soldaten zu unterscheiden. Auf dem großen Bild ist zum Beispiel der britische ITN-Fernsehreporter Bill Neely zu sehen. Sein Mikrofon hält er sich aufrecht zwischen die Beine. Er trägt Tarnanzug und Schutzhelm der Royal Army, obwohl es sich offensichtlich um eine gänzlich ungefährliche Situation handelt, was die im Hintergrund gelangweilt herumlungernden irakischen Männer nahe legen.

IRAQ:
AFTER SADDAM
THAN COALITION FORCES EXPECTED.
WAR IN IRAQ
GERAINT VINCENT
SOUTHERN IRAQ
OPERATION IRAQI FREEDOM
EMBEDDING JOURNALISTS
MILY IS HOPING FOR A SPEEDY RECOVERY
WAR IN IRAQ
ESSIO VINCI
ASIRIYA, IRAQ
DER IRAK-KRIEG
n-tv
TecDax
339 0,5%
STOXX

GOLF KRIEG 2003

Kontrastprogramm: Obwohl die Truppen der Alliierten von Hundertschaften »eingebetteter« Journalisten begleitet werden – allein auf US-Seite sind es 600 –, fehlen Aufnahmen von an der Front verletzten oder im Kampf getöteten Soldaten beider Seiten. Lediglich der arabische Sender Al-Dschasira liefert Bilder, die die weniger glorreiche Seite des Krieges zeigen. Diese Aufnahmen scheinen oft ohne Zustimmung der Alliierten heimlich im Vorbeifahren gemacht worden zu sein.

خاص
الجزيرة

Aufgabe, die bröckelnde Heimatfront mit Lug und Trug zu halten. Eigentlich hat sich nicht viel geändert.

Telefongespräch mit Ed aus Frankfurt. Ed ist mein amerikanischer Freund. Er ist kein Durchschnittsamerikaner. Ed ist nicht im Bible Belt geboren, sondern in Boston. Er ist kein Redneck, sondern ein Schwarzer. Der Krieg – von Bush hat er nichts anderes erwartet. Die Embedded – eine schlimme Fehlentwicklung unseres Berufsstandes (Ed ist auch im schreibenden Gewerbe tätig). Spätabends sehe ich, dass er mir noch eine E-Mail geschickt hat. Er hat in Egon Erwin Kischs Buch »Der rasende Reporter«, zuerst erschienen 1925, ein Zitat über uns Journalisten gefunden: »Wir sind ärger als Phrasendrescher, denn wir sind freiwillig zu Dienern der Phrasendrescher geworden, zu Knechten des Kompromisses, zu Leibeigenen des eitelsten Spießertums, zu Sklaven des Heute.«

Montag, 24. März 2003, 5. Kriegstag

■ Die Lage: Die bislang schwersten Luftangriffe der USA und Großbritanniens auf Bagdad, mindestens fünf Menschen sterben. Der Alte Palast am Tigris, Sitz der irakischen Regierung, wird zerstört. Bei heftigen Kämpfen nahe Basra wird ein britischer Soldat getötet. In Nadjaf am Euphrat sowie in Basra und Umm Kasr kommt es zu schweren Kämpfen. Saddam ruft die Iraker zum »Heiligen Krieg« gegen die Invasoren auf. Die Amerikaner verzichten darauf, Nasserija und Basra einnehmen zu wollen und stoßen kämpfend auf Kerbela vor.

Am frühen Morgen bereits wieder diese Bilder von diesem wüsten, fernen Planeten, auf dem sich schemenhafte Wesen auf schwer zu definierenden Fahrgeräten langsam in einer diffusen, graubraunen Fläche bewegen. Am Golf wütet der schlimmste Sandsturm seit Jahren. Der Vormarsch, höre ich, ist empfindlich ins Stocken geraten. Nachschubprobleme, teilweise Stillstand. Operation misslungen, Patient lebt.

Schue vom DGB ruft an, er will die Ausstellung um einen Monat verlängern. »Stell dir das vor«, sagt er dann, »da war schon morgens um halb neun eine ganze Schulklasse unten im Foyer vom Gewerkschaftshaus wegen deiner Bilder.« Für heute ist eine große Schülerdemo in Hamburg angekündigt, schulfrei gibt's dafür nicht, aber über Krieg darf in den Schulen geredet werden, das zumindest hat die Schulbehörde zugestanden. Und da hat ein Lehrer halt seine Klasse mit in die Ausstellung genommen, um am konkreten Beispiel über Krieg und seine Opfer zu reden – dass der Demo-Treffpunkt ganz in der Nähe ist, hat er wahrscheinlich nicht gewusst, meint Schue.

Heute also große Demo von Hamburger Schülern gegen den Krieg im Irak. Treffpunkt ist ein meterlanger Steinklotz, ein Kriegerdenkmal hier gleich um die Ecke mit dem eingemeißelten Spruch »Deutschland muß leben, und wenn wir sterben müssen« (so steht das da wirklich). Unser ganzes Viertel im Ausnahmezustand. Straßen großräumig abgesperrt, kein Durchkommen mehr. Ein Kurier klingelt an der Tür, verschwitzt. Er hat sein Auto zwei Kilometer weiter parken müssen, den Rest der Strecke zu Fuß gemacht. Die Kids sind engagiert und fröhlich bei der Sache. Wie die aussehen, denke ich, kommen die meisten wohl aus den besseren Vororten: Blankenese, Flottbek, Eppendorf. Selbst gemalte Plakate und Spruchbänder, Palästinensertücher, blaue »No War«-Buttons, die regenbogenbunten »Pace«-Fahnen. Sprechchöre, Musik. Überall Wasserwerfer, Mannschaftswagen. Hundertschaften Polizei im »Riot Police«-Outfit: stahlverstärkte Stiefel, Plastikschutz an Beinen, Brust und Rücken, Stulpenhandschuhe, Helme mit gepolstertem Nackenschutz, Schutzschilde mit Sichtvisier, die neuen, extralangen Schlagstöcke aus Holz, die beim Auftreffen oft zersplittern. Wird schon gut gehen, denke ich, auch wenn die alle aussehen wie Robocop. Sind doch Kinder, die da demonstrieren.

Am nächsten Tag lese ich in den Zeitungen, über 20000 Schüler seien gekommen. Die Demonstration sei ausgeufert. Sitzblockade, Straßenschlacht. Und ich sehe diese Bilder: Ein Mädchen glitscht im Wasserwerferstrahl über den Asphalt, Polizisten fesseln Jugendliche, dreschen auf sie ein. Die Schill-Linie schlägt voll durch.

Saddam Hussein ist wieder im irakischen Staatsfernsehen. 20 Minuten lang liest er eine Rede ab, diesmal ohne Brille. Ausschnitte auf allen Sendern. »Tapfere Kämpfer, schlagt euren Feind mit all eurer Kraft«, sagt er. »Der Feind sitzt im heiligen Land Irak in der Falle.« Er tröstet: »Seid geduldig, der Sieg kommt.« Und er sagt: »Gott hat euch befohlen, ihre Köpfe abzuschlagen und geduldig zu sein.«

Saddam Hussein stammt aus Tikrit. Eine normale irakische Straße führt von Bagdad nach Norden in Richtung der Ölprovinz um Mosul. Nach etwa 130 Kilometern biegt nach rechts eine Trasse besonderer Art ab: noch besser ausgebaut als die in normalen Zeiten ohnehin guten irakischen Fernverbindungen. Sie führt zur Wiege Saddams. Im Dorf Awia nahe Tikrit wurde er geboren, einem Nest mit ein paar Palmen und Eseln. Ein Arme-Leute-Kind, dessen Vater bei seiner Geburt längst auf Nimmerwiedersehn verschwunden war. Der Staatsmann Saddam (»Der

· KRIEG IM IRAK · MONTAG, 24. MÄRZ 2003, 5. KRIEGSTAG · WAR IN IRAQ · OPERATION IRAQI FREEDOM · KRIEG IM IRAK · MONTAG,

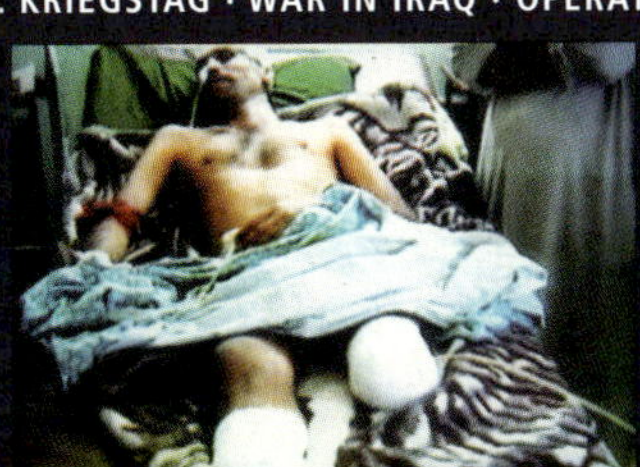

den Kampf nicht Scheuende«) Hussein hat seine Herkunft gern verschleiert, hat sich Saddam Hussein al-Tikriti genannt, Saddam Hussein aus Tikrit.

Tikrit wirkt wie eine durchschnittliche Provinzstadt, 250 000 Einwohner. Dank der Zuwendungen Saddams ist ihre Infrastruktur besser als anderswo. Am Stadtrand ein großer Paradeplatz. Am Ortseingang wird der Besucher von einem riesigen Triumphbogen begrüßt, eine Nachbildung des Jerusalemer Felsendoms erfreut die Gläubigen. Saddam baut auf Tikrit. Die meisten Schlüsselpositionen des Staates sind mit Verwandten besetzt, auch seine Leibwächter sind aus Tikrit. Hier hat er sich in bester Lage am Tigris-Ufer einen seiner größten Paläste bauen lassen, eine Fläche von 40 Quadratkilometern vereinnahmt. Ehefrauen, Kinder, Kindeskinder, Cousins und Cousinen fänden in den stark befestigten Anlagen guten Schutz. Hierhin könnte sich Saddam im Notfall zurückziehen. Last exit Tikrit?

Die Schlacht der Bilder ist in vollem Gange. CNN filmt, wo die Bomben abfliegen, der arabische Sender Al-Dschasira filmt, wo sie ankommen. Die Irakis zeigen Bilder von Ziviltoten: Das sei Absicht der Invasoren, das würden sie bewusst machen. Das Pentagon kontert mit diesen Bildern aus der Nase der Bomben. Das sehe man doch, das seien militärische Ziele. Ansonsten: bedauerliche Kollateralschäden. Und Rumsfeld wird nicht müde zu betonen: »Unsere Waffen haben eine Präzision, von der die Militärs im Zweiten Weltkrieg noch nicht einmal zu träumen wagten.« Dabei dürfte es den Opfern ziemlich egal sein, ob sie von einer Weltkrieg-II-Bombe getötet werden oder von einer Smart-Bomb der jüngsten Generation.

Den zweiten Tag berichtet Christoph Maria Fröhder nun für die ARD aus Bagdad. Er ist vor Ort: Rauch dringt noch aus einem zusammengebombten Haus. Mit bloßen Händen graben Männer in den Trümmern. Sie ziehen eine Frau aus dem Schutt, tragen sie triumphierend auf einer Bahre weg. Sie wird, so der Kommentar, wohl überleben. Wenigstens eine.

Dienstag, 25. März 2003, 6. Kriegstag

- Die Lage: US-Präsident Bush dämpft wegen des militärischen Widerstands der Iraker die Erwartungen auf einen schnellen Sieg. Er beantragt zusätzlich 75 Milliarden Dollar vom Kongress für den Krieg. Bush verspricht der irakischen Bevölkerung, rasch Geld für humanitäre Hilfe bereitzustellen. Die US-Truppen und ihre Verbündeten attackieren die irakischen Republikanischen Garden und bereiten den Bodenangriff auf Bagdad vor. Nach US-Angaben haben die Soldaten bereits den äußeren Verteidigungsring der Stadt erreicht.

N IRAQ · OPERATION IRAQI FREEDOM · KRIEG IM IRAK · DIENSTAG, 25. MÄRZ 2003, 6. KRIEGSTAG · WAR IN IRAQ · OPERATION IRAQI

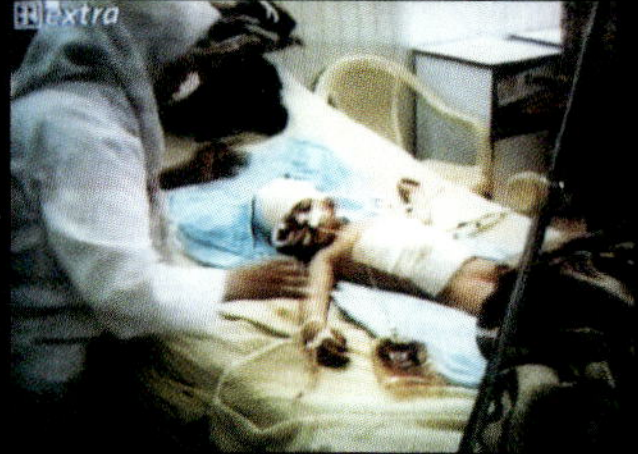

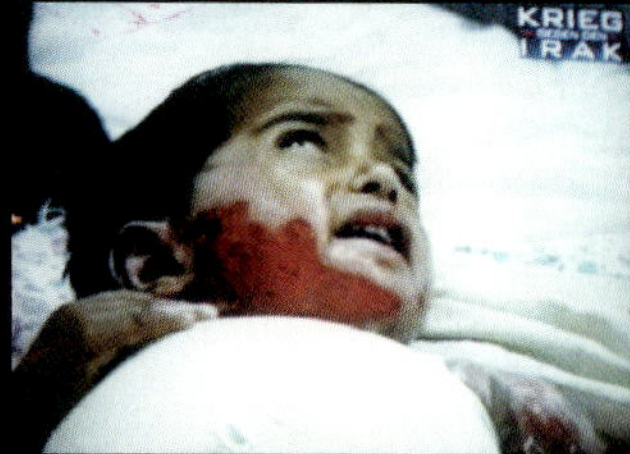

Um zehn Verabredung mit einer 8. Klasse einer Hauptschule aus Rahlstedt, einem Hamburger Vorort. Sie wollen sich meine Ausstellung ansehen, mit mir reden. Draußen scheint die Sonne, mit der S-Bahn zum Hauptbahnhof. Zu Fuß weiter, vorbei am Museum für Kunst und Gewerbe und der Drogenambulanz.

Auf dem Parkplatz vorm Gewerkschaftshaus am Besenbinderhof fast über ein Mädchen gestolpert, das sich neben einem Auto hingekniet hat. So ist sie in Augenhöhe mit dem Seitenspiegel. Sie zieht das obere Lid hoch, sucht eine Stelle, wo sie ihre Spritze setzen kann. Drinnen im Foyer des DGB, wie's aussieht, Durchschnittskinder unserer Tage. Schlabberhosen, Rucksäcke, gegeltes Haar. Nicht durchschnittlich: Eine Schülerin hat erst vor ein paar Wochen ein Kind zur Welt gebracht. Viele Fragen, wenig Antworten.

Zu Hause wieder die graubraunen Bilder, die nicht halten wollen, was sie versprechen. Am Spätnachmittag noch ein Termin in der Stadt. Im Café Alsterpavillon, neuerdings mit einer »alster lounge, dem After Shopping Club«. Zwar viele aufgebrezelte Leute um diese Zeit, aber das schöne Bild der Dauerfontäne vor der Stadtsilhouette im weichen, blassrosa Licht der niedergehenden Abendsonne. Etwas abgespannt nach Hause, rumgezappt. Wieder diese Bilder von Bagdad in der Totalen, in der Perspektive, in der die Opfer zu klein sind, um sie zu sehen. Und wieder diese graubraunen Bilder vom Planet der Affen, unscharf, verwackelt, ereignislos. Manchmal kann ich sie gar nicht mehr sehen, obwohl ich immer wieder draufstarren muss. Und manchmal denke ich: Glaub bloß nicht dem, was du siehst.

Mittwoch, 26. März 2003, 7. Kriegstag

■ Die Lage: Erstmals seit Beginn des Krieges gibt es Anzeichen für eine Gegenoffensive der Iraker. Das US-Militär meldet Truppenbewegungen eines Konvois mit 1000 Fahrzeugen und etwa 5000 Soldaten der Republikanischen Garde. Östlich von Nadschaf kommt es zu einer verlustreichen Schlacht. Nach Angaben des Pentagon werden bis zu 300 Iraker getötet. Bei den bisher heftigsten Angriffen auf Bagdad kommen auf einem Markt mindestens 15 Menschen um. Tausend US-Fallschirmjäger nehmen ein Flugfeld im Nordirak ein. Sie sollen eine zweite Front im Norden vorbereiten. Am Abend treffen sich der britische Premier Tony Blair und US-Präsident George W. Bush in Camp David.

CNN sendet Al-Dschasira-Material: zerstörte Häuser in Bagdad, Rauchfahnen, Tote und Verletzte, schreiende Menschen. Bombeneinschlag auf einem Markt. Jedes-

M · KRIEG IM IRAK · MITTWOCH, 26. MÄRZ 2003, 7. KRIEGSTAG · WAR IN IRAQ · OPERATION IRAQI FREEDOM · KRIEG IM IRAK · MITTW

Bagdad, Golfkrieg 1991: Aishe, Mohammed und Khalil in den Trümmern ihres Elternhauses. Über Nacht wurden sie zu Vollwaisen. »Wieder suche ich den Bildschirm ab – was aus ihnen wohl geworden ist in den Jahren, denke ich.«

mal, wenn ich solche Bilder sehe, ertappe ich mich dabei, die Gesichter dort abzuscannen. In der bangen Hoffnung, jemanden zu erkennen. Vielleicht den Taxifahrer Mustafa, der mich einmal im Krieg bis nach Nadschaf gefahren hat, die heilige Stadt der Schiiten. Oder Ghassan, der so gut Deutsch kann, weil er zum Studium in der DDR war, mit dem ich mich angefreundet habe. Oder sind da vielleicht Aishe oder Mohammed oder Khalil? Diese drei Kinder der Familie Matuscha hatte ich 1991 fotografiert.

Auf dem Foto sitzen diese drei vor ihrem zerstörten Elternhaus, in dem in der letzten Nacht 13 Menschen getötet wurden, darunter ihre Eltern. Sie haben überlebt, weil sie bei einer Tante ein paar Straßen weiter übernachtet haben. Mit leeren Augen blicken die drei, jetzt Vollwaisen, vor

N IRAQ · OPERATION IRAQI FREEDOM · KRIEG IM IRAK · MITTWOCH, 26. MÄRZ 2003, 7. KRIEGSTAG · WAR IN IRAQ · OPERATION IRAQI

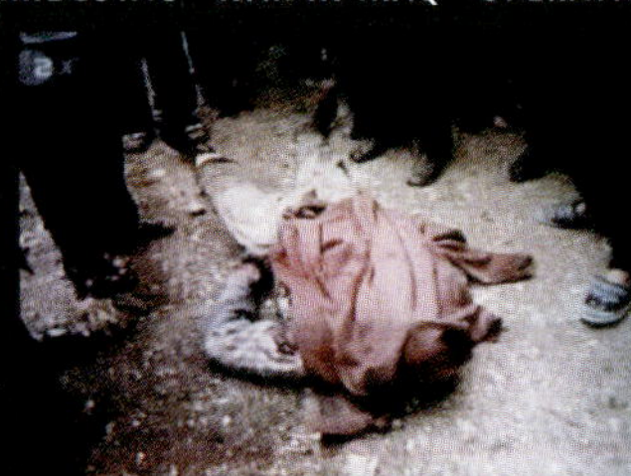

sich hin. Wieder suche ich den Bildschirm ab – was aus ihnen wohl geworden ist in den Jahren, denke ich. Aishe, das Mädchen, damals so um die fünf – vielleicht ist sie längst vom Onkel verheiratet worden mit einem gut situierten Nachbarsjungen, inzwischen Mutter. Oder sie hat sich über die Familienbande hinweggesetzt, ist eine selbstbewusste junge Frau, macht ein Medizinstudium, das der Onkel finanziert. Und die beiden Jungs, Mohammed und Khalil – die sind längst im wehrfähigen Alter, denke ich, vielleicht sind sie jetzt Mitglieder der Republikanischen Garde und sitzen in einem dieser altersschwachen sowjetischen Panzer, willkommene Beute der überlegenen US-Kriegstechnik. Oder sie haben was Falsches über den Herrn von Bagdad gesagt, sitzen im Gefängnis. Und vielleicht sind sie ja alle drei, Aishe, Mohammed und Khalil, unter den Toten, die da auf dem Marktplatz liegen, den ich auf CNN sehe. Und wieder starre ich auf die Fernsehbilder. Aber ich sehe niemanden, den ich kenne. Wie auch?

Termin in Hannover. Mit dem Auto über die Elbbrücken. Veddel, Georgswerder, Autobahn A 1. Bei der Raststätte Stillhorn ein Schreck: Er ist nicht mehr da! Hier stand, solange ich mich erinnere, auf dem Mittelstreifen der sechs Fahrspuren, eingeklemmt zwischen den engen Leitplanken, eine Pappel, eine Kanadische Hybridpappel, ein recht stattliches Ding. Der tapferste Baum Hamburgs. Jedesmal, wenn ich hier vorbeifuhr in den letzten 30 Jahren, habe ich den Autobahnbaum beim Fahren aus der Hand fotografiert. Da ist eine stattliche Sammlung zusammengekommen. Ich bin so perplex, dass ich noch nicht einmal auf die Idee komme, wenigstens die jetzt kahle Stelle zu fotografieren. Meine kleine Plastik-Olympus bleibt ungenutzt auf dem Beifahrersitz liegen. Keine Pappel. Nichts bleibt, wie es ist.

Am späten Nachmittag zurück, zurück an den Fernseher. Quergeschaltet. Bilder, Korrespondenten berichten. RTL-Reporter Ulrich Klose ist ein Embedded, ein eingebetteter Journalist bei den Invasionstruppen. Er dient bei der 3. US-Panzerdivision. Heute sagt er dem »Hamburger Abendblatt« in einem Interview nicht nur: »Als Reserveoffizier weiß ich …«. Er sagt auch: »Wir haben das modernste Equipment der Welt.« Wir? Seit wann verfügt RTL über Panzer, Granaten und Haubitzen? Abends ist Uli Klose bei »Stern TV« live von der Front zugeschaltet. Leicht atemlos und in geduckter Haltung berichtet er aus seinem US-Panzercamp im Dunkel der irakischen Wüste: Die Armee des Gegners verkleide sich mit US-Uniformen, jetzt sei sie auch noch dazu

M · KRIEG IM IRAK · MITTWOCH, 26. MÄRZ 2003, 7. KRIEGSTAG · WAR IN IRAQ · OPERATION IRAQI FREEDOM · KRIEG IM IRAK · MITTW

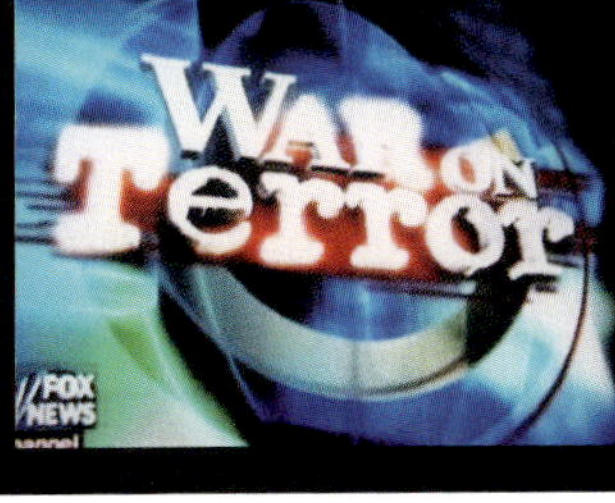

KRIEG
IRAK
BAGDAD
EUPHRAT
Rep.Garden
TIGRIS
KERBELA
EL KUT
NADSCHAF
3.US-Infanteriedivision
Marines

DER IRAK-KRIEG
n-tv
Bagdad
Dawra
Stereo
on zahllosen Verletzten. Stündlich
Flextronics 8.70
FMC 16.51

BBC WORLD
iraq war
IRAQ
Baghdad
Karbala
Ku

GOLF KRIEG 2003

Die Herren der Ringe: Auf allen Sendern erörtern Militärexperten ausführlich die Lage an der Front im Irak. Sie beobachten Truppenbewegungen, die sie durch verschiedenfarbige Pfeile grafisch versinnbildlichen, in die, je nach Bedarf, Symbole für Panzer, Haubitzen oder Infanteristen eingesetzt werden. Immer mit dabei: der angeblich schwer zu überwindende, mysteriöse Verteidigungsring um Bagdad.

übergegangen, in der offenen Feldschlacht unschuldige Zivilisten vor sich herzutreiben und als menschliche Schutzschilde zu benutzen. Klose dann, nun mit gepresster Stimme und ängstlich blickend: »Zurzeit bewegt sich ein Lastwagen-Konvoi voller Selbstmord-Attentäter auf uns zu.« Dies weiß er allerdings alles nicht aus eigener Anschauung, es ist ihm so erzählt worden. Im Klartext: Seine Informationen sind keinen Schuss Pulver wert.

Anruf vom Kollegen Wolfgang Riek aus Kassel. Zuletzt haben wir uns in Arolsen gesehen, meint er. »Wissen Sie nicht, wir Journalisten waren alle draußen, Sie waren als einziger drinnen.« Ach ja, das war beim Treffen der »SS-Totenkopfdivision«. Bei denen hatte ich mich, als Neonazi getarnt, eingeschlichen. Üble Kerle. Mit der strammen Truppe kam es mit der Erschießung von 100 britischen Gefangenen zum ersten großen Kriegsverbrechen an der Westfront. Außerdem wird der »3. SS-Panzer-Division Totenkopf« die Ermordung von 20000 russischen Juden und Kriegsgefangenen angelastet. Einer der SS-Männer hatte mich seinerzeit so aufgeklärt: »Die Häftlinge im KZ Dachau, die hatten doch alle eine eigene Zahnbürste.« Außerdem solle ich mir mal die Bilder aus dem Lager ansehen, die sähen doch alle wohlgenährt aus.

Bilder. Riek will wissen, ob es legitim sei, das irakische Video mit den ersten US-Kriegsgefangenen zu zeigen. Diese anrührenden Aufnahmen der eingeschüchterten, verschreckten GIs, wo einer, wenn ich mich recht entsinne, redet, als käme er gerade von einem Kinderspiel: »Nein, ich habe nicht zuerst geschossen. Ich habe nur geschossen, weil auf mich geschossen worden ist.« Kriegsbilder. Wir schlagen, na ja, den großen Bogen: kollektives Bildergedächtnis und so. Francisco Goyas Zyklus »Der Schrecken des Kriegs«. Dieser bitterlich weinende, blonde Hitler-Junge, 1945, ganz nah fotografiert. Das neunjährige vietnamesische Mädchen Lim Phuc. Sie rennt nach einem Napalm-Angriff der US-Air-Force eine Straße hinauf, die Haut hängt ihr in Fetzen vom Körper. Ohne diese Bilder blieben nur die heroischen Schlachtengemälde und die Fotos von scheinbar unverletzlichen Soldaten in Heldenpose. Es ist nicht nur legitim, sondern geradezu notwendig, auch das Video der gefangenen US-Soldaten zu zeigen. Die schwarze Seite des Krieges.

Auf meinen Fotos in der Ausstellung »Bomben auf Bagdad«, meint Riek, seien auch schrecklich entstellte Bombenopfer zu sehen – legitim? Ich habe lange überlegt, ob ich auch diese Bilder zeigen soll. Ich habe mich dann in die Überlegung ge-

IN IRAQ · OPERATION IRAQI FREEDOM · KRIEG IM IRAK · MITTWOCH, 26. MÄRZ 2003, 7. KRIEGSTAG · WAR IN IRAQ · OPERATION IRAQ

rettet: Der sinnlose Tod dieser Menschen, vielleicht bekommt er im Nachhinein einen klitzekleinen Sinn, indem sie in der Abbildung Zeugnis davon ablegen, was Krieg anzurichten imstande ist. Hochgegriffen: Vielleicht gelingt es mir damit, den malträtierten, entstellten Körpern etwas von der Würde wiederzugeben, die ihnen der Krieg genommen hat.

In der 3sat-»Kulturzeit« klagt der amerikanische Journalist Danny Schechter über die US-Medien im Krieg: »Es werden einzig Regierungsmeldungen verkauft.« In der Berichterstattung fließe kein Blut, Krieg werde als patriotisches Spektakel in Szene gesetzt: »Die Medien wollen großes Kino machen, und die journalistische Unbestechlichkeit stirbt auf dem Schlachtfeld.«

Das Telefon klingelt mal wieder mitten in der Nacht. Achim. Seiner kleinen Fünf-Mann-Firma gehen die Aufträge aus. Achim ist Unternehmensberater. Seine Frau, die als Sekretärin bei einer Krankenkasse arbeitet, wollen sie wegrationalisieren – Kostendämpfung im Gesundheitswesen. Keine guten Nachrichten. Wir reden über die Arbeitsbedingungen für Journalisten in Bagdad. Miserabel, immer unter Aufsicht. Aber mit Geschick kann man die »Minder«, die Aufpasser, auch austricksen. Zumindest geht das noch 1991. Die wollen ja jedes Manuskript sehen, das du rausschickst, jedes Wort vorher kontrollieren, das ein Journalist in die Kamera sagt. CNN-Reporter Peter Arnett hat's zum Beispiel so gemacht: Da ist er live über Satellit zugeschaltet aus Bagdad. Wenn ihm die CNN-Zentrale in Atlanta eine Frage stellt, die der Vertreter des Propagandaministeriums ja nicht mithören kann, hat Arnett mit der Zeit gewisse Techniken entwickelt, doch zu sagen, was zu sagen ist. Wenn zum Beispiel aus Atlanta die Frage kommt, ob er auf der Strecke nach Basra Militär-Konvois gesehen habe, antwortet er: »Auf der Straße nach Basra war viel ziviler Verkehr. Über den anderen Verkehr, den wir gesehen haben, ist mir verboten zu sprechen.«

Bei manchen Kollegen beobachte ich in Bagdad auch das zuerst in Schweden an Entführungsopfern erforschte »Stockholm-Syndrom«, jenes Phänomen, bei dem sich der Gefangene im Laufe der Zeit mit seinem Bewacher zu identifizieren beginnt. Ich verspreche Achim, mich mal bei Hamburger Verlagen umzuhören, ob da Beratungsbedarf besteht, den sie auch bezahlen wollen.

Noch mal in BBC World reingeschaltet. Es ist der einzige Sender, der offen sagt, dass die Informationen der westlichen Journalisten aus Bagdad mit Vorsicht zu

genießen sind, weil sie sich den strengen Regeln von Ober-Zensor Sahhaf und seiner »Minder« unterwerfen müssen. Wenn Rageh Omaar, der BBC- Mann in Bagdad, live zugeschaltet wird, kommt vorher aus der Zentrale in London jedesmal der Hinweis: Unser Korrespondent ist in seiner Bewegungsfreiheit eingeschränkt, »his movements are restricted, his reports are monitored«, seine Berichte werden überwacht.

Donnerstag, 27. März 2003, 8. Kriegstag

- Die Lage: Eine Woche nach Kriegsbeginn wird innerhalb des US-Militärs Kritik an der Strategie laut. Die irakische Gegenwehr ist weitaus größer als erwartet, heißt es, die Kampagne unter dem Motto »Schock und Schrecken« zeige keine Wirkung. Offiziere sprechen schon davon, dass der Krieg Monate dauern könnte. Da auch der Vormarsch auf Bagdad von Süden her nicht vorankommt, beginnen die US-Armee und ihre Verbündeten mit dem Aufbau einer Nordfront. Bis zu tausend US-Fallschirmjäger werden nachts im Nordosten des Landes abgesetzt, um Stellungen zu sichern.

In aller Herrgottsfrühe, um halb sechs, wieder in CNN reingeschaltet. Merkwürdige grünstichige Bilder sehe ich da, ohne Ton, mit denen ich zuerst nichts anzufangen weiß. Als Insert: »CNN exclusive« – warum das? Sind doch bloß wissenschaftliche Nahaufnahmen durcheinander wuselnder grüner Mehlwürmer, denke ich schlaftrunken. Dann sehe ich lemurenhafte Wesen mit Buckeln so dick wie diese Bälle, auf denen Büroangestellte neuerdings am Schreibtisch sitzen, mit dem Hinweis, nur so hätten sie die ergonomisch korrekte Arbeitshaltung. Inzwischen etwas wacher, erkenne ich schließlich, die rhythmisch zuckenden Steadycam-Aufnahmen zeigen Fallschirmspringer, die halt aussehen, als seien sie in einen grünen Farbeimer gefallen, und die jetzt im Sekundentakt aus einer offenen Flugzeugtür ins Dunkel der Nacht weggleiten. Plötzlich denke ich: Das ist ja wie in Woody Allens »Was Sie schon immer über Sex wissen wollten«, wo Woody, allerdings ganz in elegantem Weiß, mit der sich schubsenden Spermien-Horde aus dem Samenleiter des erigierten Penis abspringen muss, um sich als Einzelkämpfer zur Befruchtung bis zur Eizelle durchzuschlagen. Das ist ja genau so komisch, denke ich, rufe mich aber schnell zur Ordnung.

Bilder aus Umm Kasr, wie US-Soldaten an der Hafeneinfahrt die irakische Flagge herunterreißen und die Old Glory aufziehen. Das machen Eroberer immer so, denke ich, ganz schnell das Symbol ihrer Herrschaft aufpflanzen. Bilder, die

N IRAQ · OPERATION IRAQI FREEDOM · KRIEG IM IRAK · DONNERSTAG, 27. MÄRZ 2003, 8. KRIEGSTAG · WAR IN IRAQ · OPERATION IRA

wir kennen: der Rotarmist auf dem zerbombten Reichstag, die Inselspringer auf Iwo Jima, Neil Armstrong auf dem Mond. Den gerade eingenommenen Flughafen von Basra haben US-Soldaten bereits in »George W. Bush Airport« umgetauft. Vielleicht sind ja die neuen Landkarten des Irak längst gedruckt, wo Basra Gasolineville heißt und Bagdad Tombstone.

Abends auf allen Kanälen: Pressekonferenz mit einem halben Dutzend kriegsverletzter US-Soldaten, die im Militärlazarett des »Medical Center Landstuhl« in der Pfalz behandelt werden, dem größten US-Militärhospital außerhalb der USA. Dort hat man sie aus der irakischen Wüste hingeflogen. Jetzt sitzen sie vor dem Sternenbanner und einem Dutzend mit pathetischen Motiven bestickten Regimentsfahnen, auch die Flagge der Bundesrepublik baumelt als Fotostaffage vor sich hin. Jeder dieser Kriegsverletzten hat eine Dose »Cola light« vor sich stehen, daneben ein mit klarer Flüssigkeit halb volles Glas – offensichtlich nicht gefüllt mit der braunen Brause, sondern mit Mineralwasser. Product Placement: Heroes drink Coke.

Die Rekonvaleszenten berichten von ihren Erlebnissen im Felde, erzählen, wie sie sich ihre Verletzungen zugezogen haben. Der 21-jährige Charles Hogan, der sich bei einem Sprung von einem Army-Truck den Fuß gebrochen hat, sagt in die Mikrofone: »Es war wie im Kinofilm, nur die Musik fehlte.« Hollywood goes Baghdad.

Freitag, 28. März 2003, 9. Kriegstag

■ Die Lage: Die alliierten Streitkräfte setzen ihre Luftangriffe auf Bagdad fort. Erstmals werden so genannte »Bunkerknacker« eingesetzt, auf einem Markt werden mehr als 50 Menschen getötet. Inzwischen ist der Vormarsch auf Bagdad ins Stocken geraten, da es weiter heftigen Widerstand gibt. Das Pentagon will bis zu 100 000 weitere Soldaten in die Region senden und die Truppenstärke damit verdoppeln. Der Irak rechnet damit, dass die Hauptstadt binnen fünf bis zehn Tagen von den US-Truppen eingeschlossen sein wird und kündigt »blutige Straßenkämpfe« an.

Gleich morgens, beim Brötchenholen im Supermarkt um die Ecke, sehe ich ganz oben auf der »Bild«-Zeitung in vier Zentimeter hohen, Gewissheit verheißenden weißen Buchstaben auf schwarzem Grund, rot unterstrichen, was Sache ist: »Saddam lässt US-Kriegsgefangene hinrichten!« In der Fortsetzung des Textes auf der Seite 2 mutiert das kantige Ausrufungszeichen zum weicheren Fragezeichen: »Ließ Saddam sie hinrichten?«

Gleich daneben lese ich, wie Saddam durch unsere überlegene Technik ausge-

trickst werden kann: »Danke, Superhelm! Ich habe vier Kopfschüsse überlebt.« Neben dem Foto eines lachenden Soldaten lese ich: »Saddams Kämpfer haben den britischen Marine-Infanteristen Eric Waldermann (25, Foto) vier Mal am Kopf getroffen – doch er lächelt immer noch! Bei dem irakischen Angriff auf den Familienvater prallten die Kugeln alle an seinem Helm ab. Er ist aus Kevlar – ein Superkunststoff, bis 40 % härter als Stahl. Nur der olivgrüne Bezug bekam vier Löcher.«

Unter der Überschrift »Alptraum Bombennacht« sehe ich in »Bild« einander gegenübergestellte Fotos vom bombardierten Bagdad und vom bombardierten Berlin. In Deutschland, so lese ich, seien in den letzten vier Monaten des Zweiten Weltkriegs immerhin 130 000 Zivilisten durch alliierte Bomben umgekommen. Und ich erfahre Beruhigendes zu der Tatsache, dass gestern auf einem belebten Marktplatz in der irakischen Hauptstadt 15 Menschen durch Bomben zerfetzt und zerrissen worden sind: »Bagdad hat 4,9 Millionen Einwohner. Der Tod von 15 entspricht einer Verlust-Quote von 0,00024 Prozent. Er dürfte im Rahmen der wöchentlichen Verkehrstoten liegen.«

Saddams Kriegsverbrechen, von denen ich am Morgen bereits in »Bild« gelesen habe, sind auch abends das Thema der Pressekonferenz von Donald Rumsfeld, die von CNN live übertragen wird: »Sie köpfen die Menschen und schneiden ihnen die Zungen ab«, sagt Rumsfeld. Irritation, als um 19.17 Uhr das Nachrichten-Laufband textet, dass in Bagdad soeben bei den heftigsten Luftangriffen seit Beginn des Golfkriegs mehr als 50 Menschen bei einem einzigen Bombenangriff getötet worden sind. Tarnkappenbomber haben erstmals bunkerbrechende Bomben über der irakischen Hauptstadt ausgeklinkt.

Rumsfeld fährt fort zu erklären, warum die irakische Armee nicht längst, wie prognostiziert, übergelaufen ist und weiter erbittert gegen die Invasionstruppen kämpft. Es gebe »Todesschwadronen«, sagt er. »Die halten den Soldaten ein Gewehr an den Kopf und fordern sie auf zu schießen. Denn das ist der einzige Weg, jemanden dazu zu bewegen, überhaupt noch für Saddam zu kämpfen.« – Wenn's nur so einfach wäre. Vielleicht sind ja 90 Prozent der Iraker gegen Saddam, aber 100 Prozent gegen die Invasoren?

Nach der Pressekonferenz gibt's auf RTL II ab 20.15 Uhr den Spielfilm »Mr. President Junior« – ein schwächlicher Knabe kämpft sich durch und zeigt dem übermächtigen Präsidentenvater damit, dass auch er ein ganzer Kerl ist. Immer

N IRAQ · OPERATION IRAQI FREEDOM · KRIEG IM IRAK · FREITAG, 28. MÄRZ 2003, 9. KRIEGSTAG · WAR IN IRAQ · OPERATION IRAQI FR

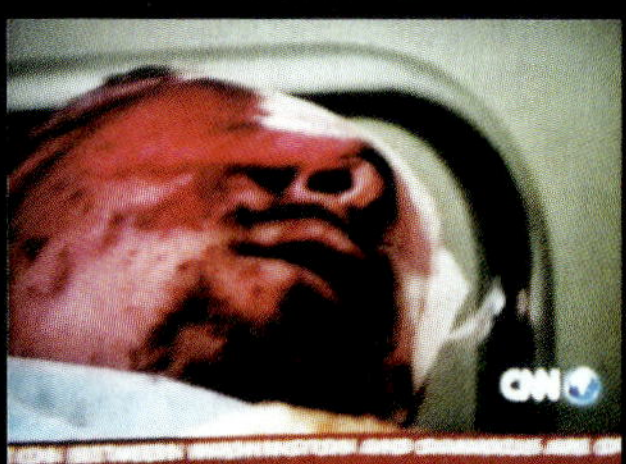

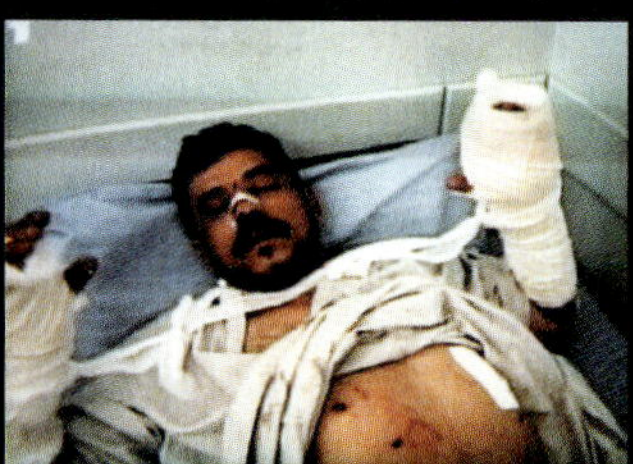

wieder rübergezappt zu Vox, wo zeitgleich »Speed 2 – Cruise Control« läuft: Ein Irrer, der sich von der Erfolgsgesellschaft Amerikas zurückgesetzt fühlt, dringt in die idyllische Welt reicher US-Bürger auf einem Kreuzfahrtschiff ein. Der durchgedrehte Neider beraubt sie ihrer Klunker und will den Luxusliner mit einem Öltanker kollidieren lassen. Doch der bösartige Terrorist wird im Showdown nach einem heroischen Luftkampf von einer Explosion zerfetzt – zur Strecke gebracht von einem kantigen, kampfentschlossenen US-Ranger, der dabei unterstützt wird von einer zweiten, nicht weniger tatkräftigen Person. Saddam Hussein wird von Willem Dafoe gespielt, George W. Bush von Jason Patric, und Sandra Bullock gibt Donald Rumsfeld.

Um halb elf draußen plötzlich dumpfe Schläge, wie Donner klingt das nicht. Ich springe irritiert auf, hin zur Balkontür. Verdutzt blicke ich in die Nacht über mir: Lichtblitze hinter der Häusersilhouette, es folgt ein dumpfer Schlag wie bei einer Bombenexplosion. Rote Rauchwolken steigen auf, von unten hell angestrahlt, wie vom Feuerschein. Bewegliche Lichtpunkte wie Leuchtspurgeschosse. Helle Leuchtfinger durchkämmen den schwarzen Nachthimmel wie Suchscheinwerfer. Ich bin kurz verunsichert, reiße mich zusammen, mache schnell die Balkontür zu: Unsinn, das ist ja nur ein Feuerwerk mit Lasershow, zum Frühlingsdom, dem Hamburger Volksfest auf dem Heiligengeistfeld. Zurück in die Wohnung, weiter im Programm.

Also 28. März 2003. Im Fernsehen ein Bericht aus Clochester, Standort des 3. Britischen Fallschirmjäger-Bataillons. Soldatenfrauen werden interviewt. Die blonde Mandy Maccollen sagt: »Wenn man diesen Beruf hat, will man doch kämpfen – im Irak oder anderswo.« Und Floria Pinten, eine adrette Mittdreißigerin, erzählt, was ihr Mann gesagt hat, als er ins Feld zog: »Ich werde meinen Spaß haben, für mich ist mit diesem Krieg ein Traum wahr geworden.«

Gerade läuft auf Kabel 1 »Braddock – Missing in Action III«, ich sehe Chuck Norris als US-Ranger, wie er in Vietnam einen asiatischen Finsterling souverän ausschaltet. Heute Abend noch im Spielfilmangebot: »Deadly Instinct«, »Natural Born Killers« und »God's Army 3 – Die Entscheidung«.

In einer CNN-Live-Übertragung aus Washington D.C. sagt George W. Bush am Schluss einer Durchhalterede vor Army-Veteranen: »Möge Gott unsere Truppen segnen.« Kein frommer Wunsch: Bereits am Vormittag hat der Kongress zu einem

· KRIEG IM IRAK · FREITAG, 28. MÄRZ 2003, 9. KRIEGSTAG · WAR IN IRAQ · OPERATION IRAQI FREEDOM · KRIEG IM IRAK · FREITAG, 2

DER IRAK-KRIEG
Wochenvergl.

GOLF KRIEG 2003

BBC WORLD

GOLF KRIEG 2003

»Nationalen Gebets- und Fastentag« aufgerufen. Die Bevölkerung von Basra und Bagdad, von Umm Kasr, Kerbela und Nadschaf ist bereits dabei, diesen Appell umzusetzen.

Samstag, 29. März 2003,10. Kriegstag

- Die Lage: Der Vormarsch der US-Truppen in Richtung Bagdad gerät wegen Versorgungsproblemen ins Stocken – es fehlt an Verpflegung und Benzin. An einer Straßenkontrolle bei Nadschaf tötet ein Selbstmordattentäter bei einem Sprengstoffanschlag mit seinem Taxi vier Marines. Ein US-Kampfflugzeug beschießt britische Panzer – ein Toter. Ein weiterer Engländer stirbt im »friendly fire«. Das Pentagon veröffentlicht eine vorläufige Bilanz seiner eigenen Verluste: 20 Tote, 16 Vermisste. Am Nachmittag sagt Präsident Bush in einer Rundfunkansprache: »Gegen einen solchen Feind werden wir keinen anderen Ausgang akzeptieren als den vollständigen Sieg.«

Sohn Joke, der Zweitjüngste, hat heute Geburtstag. Zu Hause in Köln ist er nicht, ich erreiche ihn über sein Handy. Er ist mit seiner Freundin auf dem Weg nach Maastricht, ein Wochenendausflug. Wir verabreden uns locker für Anfang der Woche in Hamburg. Ich sage, ich hätte auch etwas für ihn. Stimmt nicht. Hoffe, ihm vorher noch schnell ein kleines Geschenk beschaffen zu können.

Nachmittags schaut Daniel vorbei. Er updated regelmäßig mein Virenschutzprogramm und sagt mir auch diesmal wieder, dass ich das alles besser aufräumen solle. Ordner anlegen, Überflüssiges und Überfälliges löschen. Nein, sage ich, dazu hätte ich keine Zeit. Bei diesem Tagebuch kommt es mir vor, als wolle ich die Zeit festnageln, und dennoch glitscht sie mir ständig unter den Fingern weg. Beim Fernsehgucken habe ich Angst, nicht genug Zeit zu haben, das Gesehene aufzuschreiben, beim Schreiben habe ich Angst, etwas im Fernsehen zu verpassen. Dazwischen Alltag, die Familie. Koordinationsprobleme.

Sonne draußen, mit Daniel noch ein Spaziergang durchs Geviert. Die Leute sitzen jetzt schon in den Straßencafés. Überall zu voll, wir gehen nach Hause zurück. Stühle und Tischchen zum Kaffeetrinken auf den Balkon, wortkarg gedöst. Am Geländer Kästen mit wintertoten Pflanzen, ein jämmerlicher Anblick. Frühlingsbepflanzung fällig.

Beim Gang zur Kaffeemaschine sehe ich, dass der Anrufbeantworter blinkt. Thomas hat angerufen. »Ihr seid wohl beim Kirchgang«, sagt seine Stimme vom Band, »wollte nur mal horchen, wie's euch geht.« Thomas ist ein guter Freund. Fotograf. Mit ihm habe ich eine ganze Reihe

N IRAQ · OPERATION IRAQI FREEDOM · KRIEG IM IRAK · SAMSTAG, 29. MÄRZ 2003, 10. KRIEGSTAG · WAR IN IRAQ · OPERATION IRAQI

Geschichten gemacht über die Jahre. So waren wir drei Monate in Europa unterwegs auf den Spuren des internationalen Netzwerks der Skinheads. Reportagen aus Kairo und Dubai. Die ganze Palette. Jetzt ist er seit Wochen im Nordirak, der inzwischen zur umkämpften Nordfront geworden ist, Thomas als Kriegsfotograf mittendrin. Ich rufe ihn schnell über seine Handy-Nummer an. Niemand meldet sich. Auch später kein Erfolg. Hoffentlich ist ihm nichts passiert, denke ich, hoffentlich geht es ihm gut.

Fernsehen. Dort eine Neuerung: Jetzt wird viel Filmmaterial nur noch unter Vorbehalt abgespielt, erstmals wird die Quelle deutlich gemacht. Bei CNN lese ich zu Filmaufnahmen von der Front in Basra: »Ministry of Defence«. Und in der »Süddeutschen« lese ich heute in einem Kasten mit der Überschrift »In eigener Sache«: »Krieg bedeutet Ausnahmezustand, auch für Journalisten. Mehr noch als zu anderen Zeiten verfolgen diejenigen, die Journalisten mit Informationen versorgen, während eines Krieges eigene Interessen. Die Süddeutsche Zeitung bemüht sich, bei ihrer Berichterstattung ihre Quellen möglichst genau zu benennen, damit sich die Leser ein eigenes Urteil bilden können. Weil viele Informationen jedoch der Militärzensur unterliegen, kann die Wahrheit über den Krieg naturgemäß nur unvollständig wiedergegeben werden.«

CNN. Bilder von toten irakischen Soldaten. Zusammengekrümmt liegen sie in Erdlöchern, die sie zu ihrem Schutz in der Wüste ausgehoben hatten. Der Irak ist ein von Kriegen gebeuteltes Land, die Iraker haben eine eigene Routine entwickelt, mit ihren Kriegstoten umzugehen. – Bagdad, nach dem Krieg gegen den Iran. Ich bin bei Familie Radi im Bagdader Stadtteil Al-Shaik Umar unweit des Tigris. Juma Karim Radi ist etwas Besonderes. Er ist ein »Märtyrer-Vater«. »Als sie den Sarg mit meinem Sohn brachten«, erzählt der Sechzigjährige, »da erfüllte mich ein Gefühl des Stolzes, weil uns sein Tod hervorgehoben hat unter den ganzen Nachbarn hier.« Ibrahim, sein Ältester, war 17, als ihn 1982 während einer nächtlichen Patrouille am Shatt el-Arab bei Basra eine feindliche Maschinengewehrgarbe niederstreckte. Das Foto des schmächtigen Jungen mit dem schwarzen Infanterie-Barett hängt seitdem unter dem Porträt seines ordensgeschmückten Oberbefehlshabers Saddam Hussein. Ibrahim ist einer der Toten dieses Krieges, den der damals noch von den USA geförderte Saddam von 1980 bis 1988 gegen den Iran führte. Mindestens 200 000 Todesopfer forderte er auf irakischer Seite, mindestens 300 000

M · KRIEG IM IRAK · SAMSTAG, 29. MÄRZ 2003, 10. KRIEGSTAG · WAR IN IRAQ · OPERATION IRAQI FREEDOM · KRIEG IM IRAK · SAMST

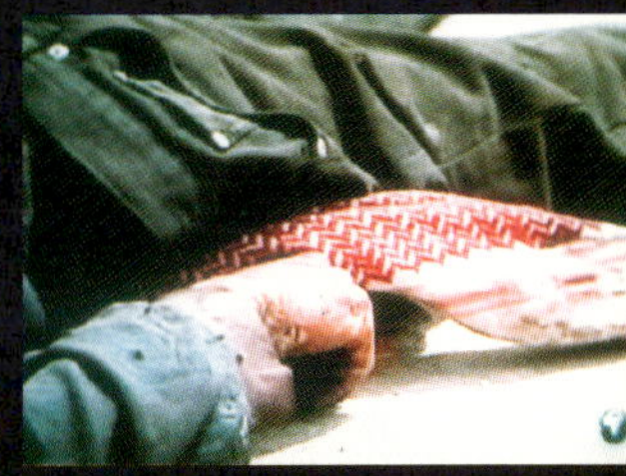

GOLF
KRIEG
2003

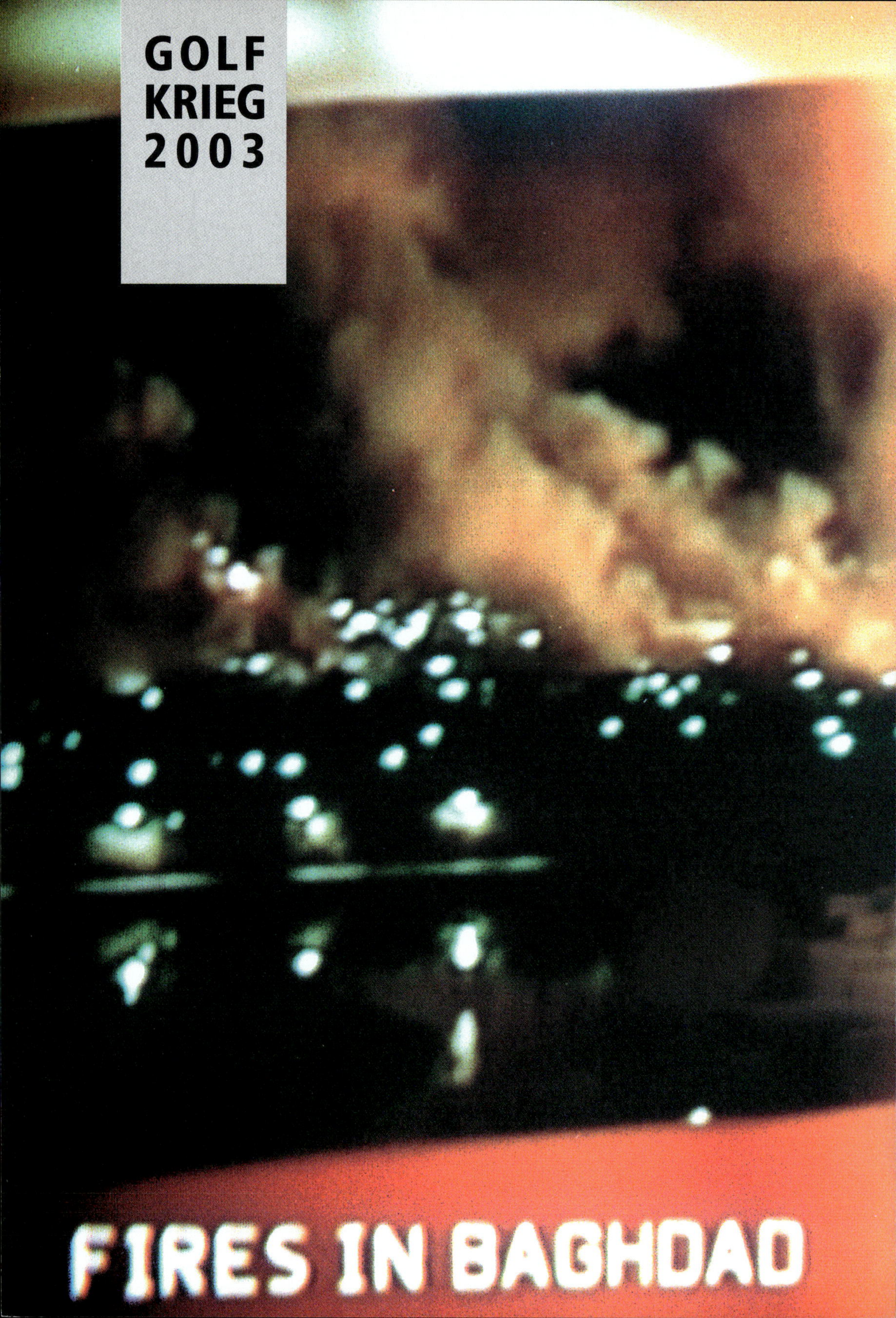

Mar.30,03
1600 GMT

Bagdad, 1990: Die Familie Radi ist eine »Märtyrer-Familie«, ihr Sohn Ibrahim wurde im Krieg Iran–Irak getötet. Als Entgelt für das Leben seines Sohnes erhielt der Vater ein Baugrundstück, ein Auto und 200 000 Dinar in bar.

starben in den acht Jahren für Saddams damaligen Widersacher Khomeini. Als Dank des Vaterlandes und als Entgelt für das Leben seines Sohnes schenkte Saddam dem Vater: ein Baugrundstück, ein Auto und 200 000 Dinar in bar – für den Hilfsarbeiter aus der Buswerkstatt der städtischen Verkehrsbetriebe »ein großherziges Geschenk unseres Führers, für das ich ihm auf ewig dankbar sein werde«, sagt er.

Die Familie gibt sich in Treue fest. Der verbliebene Sohn Khalil, Medizinstudent im dritten Semester: »Mein Einberufungsbefehl zur Armee ist für mich eine hohe Auszeichnung.« Tochter Achlam, eine 27 Jahre alte Chemikerin: »Ich bin an der Panzerfaust ausgebildet und bereit zu sterben.« Vater Juma: »Lieber aufrecht das Leben geben als ein Frieden auf Knien« – es ist eine der markigen Parolen aus den täglichen Propagandasendungen von Radio Bagdad. Zum Abschied draußen, als der aufmerksame Vertreter von Saddams Baath-Partei aus der Nachbarschaft außer Hörweite ist, gibt mir der bisher stramme »Märtyrer-Vater« Juma Karim Radi ein

arabisches Sprichwort mit auf den Weg: »Fälle nicht den Baum, der dir Schatten spendet.«

Sonntag, 30. März 2003, 11. Kriegstag

- Die Lage: Nach dem ersten Selbstmordanschlag auf US-Soldaten seit Beginn des Krieges droht der Irak, »sämtliche Mittel« einzusetzen, um die alliierten Streitkräfte zu schlagen. Britische und amerikanische Einheiten verstärken ihre Luftangriffe auf Ziele in den Städten Bagdad, Mosul und Basra. Sie bombardieren zudem irakische Stellungen im Norden des Landes. Angesichts des stockenden US-Vormarsches gibt es in den USA Kritik an der Strategie von Verteidigungsminister Donald Rumsfeld, der bei den Planungen den Rat von Militärexperten ignoriert habe.

Früh um sieben auf. Nachrichten. Ich sehe auf meine Uhr: Da ist es erst sechs. Natürlich: Sommerzeit. Um zwei Uhr in der Nacht wurden die Uhren auf drei vorgestellt. Wo aber, verdammt, ist diese eine Stunde geblieben, denke ich, die kann sich doch nicht einfach in Luft auflösen.

Jost, der jüngste Sohn, zum Frühstück. Viel geredet, viel beruhigt. Die Liebe, der Kummer, die Trennung. Später kommen Jan, der Älteste, und sein Freund Christian dazu. Viel Arbeit, viel Stress. Pendeln zwischen Hamburg und Berlin. Alles im Lot.

Morgens, beim ersten Hinaustreten auf den Balkon, verspricht der Tag noch wenig: Frühnebel bremst den Blick auf die Fassaden gegenüber. Endlich, mittags, klart es auf, die Sonne zwängt sich durch, bis es ganz wolkenlos ist. Dann doch noch ein Hamburger Bilderbuch-Sonntag mit Osterspaziergangs-Atmosphäre, es ist zwar etwas windig, aber das sind Nordsee-Anrainer ja gewohnt. Da möchte man zur Alster runtergehen – oder auch nicht. Sonntags haben die Hamburger nämlich eine besondere Eigenart entwickelt: Da strömen sie aus allen Stadtteilen zur Außenalster, diesem idyllischen Binnengewässer im Stadtzentrum. Stoisch umrunden sie dann zu Tausenden in einer Völkerwanderung mit Kind, Hund und Kegel, als Radler, Skater oder Jogger, die stille Wasserfläche.

Dieser Zug der Sonntags-Lemminge kommt regelmäßig drüben in Uhlenhorst ins Stocken, so auf der Höhe der schiitischen Imam-Ali-Moschee (da war auch mal der jetzige iranische Präsident Mohammed Khatami als Geistlicher tätig). Dort drüben geht nämlich der Spazierweg vom Ufer weg auf die Straße, wo sich die Leute dann auf einem Stück Durchgangsstraße auf den engen Bürgersteig drängeln müssen, bis sie nach etlichen hundert Metern wieder auf die Spazierwege am Was-

ser kommen. Seit neuestem hat sich allerdings auch auf unserer Seite ein Hindernis aufgetan durch die polizeiliche Sicherung des amerikanischen Generalkonsulats. Da ist gleich nach dem 11. September (ich rechne: also vor anderthalb Jahren) die ganze Straße für den Autoverkehr zugemacht worden, und auch als Fußgänger muss man sich an den Absperrungen vorbeizwängen, argwöhnisch beäugt von hoch gerüsteten Polizisten hinter rotweißen Absperrgittern, die es sich in einem grünweißen Container wohnlich eingerichtet haben. Soeben hat der zweitälteste Sohn, Jens, angerufen und gefragt, ob ich Lust hätte, mit ihm und seiner Frau Angélique dort »den Amis den Arsch zu zeigen«. Ich weiß nicht, ob ich mich nicht traue, die Hose runterzulassen, auf jeden Fall sage ich ihm nein, ich sei zu Hause festgenagelt, hätte wichtige Arbeiten.

Nachmittags nehme ich mir Zeit, mal in den Zeitungen zu lesen. Vieles, was nur schwarze Finger macht. Aber das Wochenendmagazin der »Basler Zeitung« hat eine schöne Idee umgesetzt: Täglich überschwemmt eine Bilderflut die Redaktionen, die ständig von den Agenturen in die Computer der Bildredakteure gebeamt wird. Die Schweizer haben sich das aktuelle Bilderangebot der Fotoagentur Reuters genauer angesehen und Kriegsfotos aus dem Irak rausgesucht, die allesamt alliierte Soldaten im Gegenlicht zeigen. »Spätestens seit Vietnam weiß die Welt, wissen gerade die USA um die Wirkungsmacht von Schreckensbildern. Wie Präventivschläge wirken diese Fotos, die das Schreckliche ausblenden, bestenfalls als Bedrohung andeuten, sie aber bis zur Unkenntlichkeit ästhetisieren.« Auf der farbigen Doppelseite sehe ich z.B. nach den Original-Bildunterschriften der Agentur: »US-Soldaten, vom Mond beschienen, stehen auf einem Panzer im Norden Kuwaits.« Oder: »US-Soldaten ruhen sich aus, nachdem sie die Gegend südlich von Nadschaf gesichert haben.« Ich sehe Soldaten als Schattenriss, dräuende Wolken, pathetische Sonnenaufgänge. Idyllische Bilder. Quintessenz: »Angesichts der Realität des Schreckens und der schrecklichen Realität sind sie nur blanker Hohn.«

Abends um halb sieben wieder in den NDR-Studios am Gazellenkamp. Auf dem »Roten Sofa« des NDR-Regionalfernsehens. Reden über Krieg. Eindrücke. Krieg ist kein Computerspiel, sondern sinnlich erlebbar: Krieg riecht – nach verbranntem Menschenfleisch. Krieg schmeckt – nach Feuer und Rauch. Krieg ist hörbar – im Knall der Explosionen, in den Todesschreien der Opfer, im Wehklagen der Hinterbliebenen. Bald Übergang zu leich-

N IRAQ · OPERATION IRAQI FREEDOM · KRIEG IM IRAK · SONNTAG, 30. MÄRZ 2003, 11. KRIEGSTAG · WAR IN IRAQ · OPERATION IRAQI

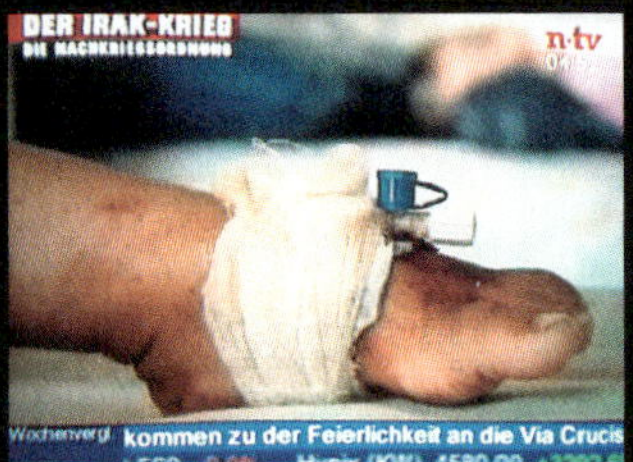

teren Themen. Die Moderatorin Sandra Maahn kenne ich noch – das sagen Alte ja immer –, als sie noch ein Kind war. Jetzt ist sie eine junge, attraktive Frau, hat selbst Kinder. Sie erzählt von ihnen. Die Kinder würden durch Fernsehen heutzutage ja viel mitkriegen vom Krieg, auch von dem anderen Horror, der in der Welt sei. Sandra sagt, oft würden sie nicht so recht verstehen, was da auf sie einstürze. Als ihre Elfjährige die Bilder aus Hongkong gesehen habe mit den Leuten, die sich mit einem Mundschutz gegen diese neue, rätselhafte Lungenkrankheit SARS zu schützen versuchen, habe sie gesagt: »Sind das alles Fans von Michael Jackson?« Kindliche Unschuld, wenn es sie denn gibt, kann gnädig sein.

Rechtzeitig zurück zur Primetime. Auf Pro 7 läuft heute »Independence Day«. Plot bekannt: Terroristische Außerirdische bedrohen die USA, der Präsident kann gerade noch aus dem Weißen Haus fliehen, bevor es in Schutt und Asche gelegt wird. Heldenhafter Kampf gegen die Mächte des Bösen, die in einem Feuerball zugrunde gehen. Gegen halb zwölf die Schlussszene. Der tatkräftige General, ein Tommy-Franks-Typ, ruft in seiner Doha-ähnlichen Befehlszentrale: »Telefoniert in alle Welt und erklärt ihnen, wie man diese Mistkerle fertig machen kann.« Schnitt. Jubelnde Inder. Schnitt. Jubelnde Araber. Schnitt. Jubelnde Chinesen. Schnitt. Jubelnde Neger. Schnitt, Abspann.

Auf RTL wieder Ulrich Klose, embedded bei der 3. US-Infanterie-Division. Soldaten kommen in ein Dorf und sagen den Leuten dort, sie seien doch nur gekommen, um ihnen die Freiheit zu bringen, und da antwortet ein Iraki doch tatsächlich verständnislos: »Freiheit, was ist das?« Kloses Quelle wieder: Erzählungen von GIs. – Sehr geehrter RTL-Informationsdirektor Hans Mahr! Wofür setzen Sie den Mann weiter der Lebensgefahr an der Front aus, wenn so wenig Authentisches dabei rauskommt? Sofort abziehen, zurück mit dem Uli ins sichere Studio nach Köln, da werden seine Berichte ebenso informativ.

Auf CNN Bilder brennender Ölquellen in Rumeila, Südirak. Davor Männer mit gelben Plastikhelmen und roten Overalls beim Löschen. Ihre Firma gehört zum Halliburton-Konzern, wo Bushs Vizepräsident Dick Cheney bis zum Jahr 2000 Boss war. Kriegsgewinnler. In den letzten zwei Monaten ist der Kurs um mehr als 20 Prozent gestiegen. Der Irak-Auftrag wird mit knapp einer Milliarde Dollar beziffert, zu finanzieren aus Bushs neuem Kriegsbudget. Die Öl-Mafia. Der britische Premier Tony Blair hat gesagt: »Das Öl wird gefördert, um den Glanz einer gro-

M · KRIEG IM IRAK · SONNTAG, 30. MÄRZ 2003, 11. KRIEGSTAG · WAR IN IRAQ · OPERATION IRAQI FREEDOM · KRIEG IM IRAK · SONNT

ßen Nation wieder aufleben zu lassen.« Er meinte den Irak. Die Verträge sind längst unterschrieben. Das Fell des Bären ist bereits verteilt, bevor er erlegt ist. Im Zweistromland lagern die zweitgrößten Erdölvorkommen der Welt, nur Saudi-Arabien hat mehr. Einer am Brandherd wird von dem CNN-Reporter gefragt: »Würden Sie hier investieren?« Klar, sagt er, die Anlagen seien zwar in einem miserablen Zustand, aber bei der hohen Qualität des irakischen Öls lohne sich das immer. Blut für Öl? Früher, in der Vietnam-Zeit, gab es diesen Antikriegs-Slogan: »War is a good business – invest your son«. Der scheint immer noch zu gelten.

CNN meldet spätabends: Die amerikanischen B 52 haben jetzt eine noch größere Anzahl so genannter bunkerbrechender, 4500 Pfund schwerer Bomben auf Bagdad abgeworfen. Das Textband beschreibt die tägliche Eskalation des Krieges: »Bombing much more intense«. Dazu meldet sich der Schutzbau-Architekt Karl Esser aus München zu Wort: Solche Bomben könnten dem Bunker Saddams unter seinem riesigen Präsidentenpalast nichts anhaben, das wisse er, weil er ihn Anfang der achtziger Jahre selbst gebaut habe. Gegen seinen Bau helfen nur Atombomben, meint er. Logische Konsequenz: Jetzt müssen die Pentagon-Planer umdenken, sie brauchen in ihrem Waffenarsenal nur ein Regal höher zu greifen.

Montag, 31. März 2003, 12. Kriegstag

- Die Lage: US-Truppen liefern sich erstmals schwere und verlustreiche Bodenkämpfe mit den Republikanischen Garden. Zugleich beginnt nach Angaben britischer Offiziere die Schlacht um Basra. Während Amerikaner und Briten ihre Luftangriffe auf Bagdad fortsetzen, droht Iraks Vize-Regierungschef Tarik Asis den Angreifern mit neuen Selbstmordanschlägen. US-Außenminister Colin Powell fordert die irakischen Nachbarn Syrien und Iran auf, sich »gegen den Terrorismus und für den Frieden« zu entscheiden.

Frühmorgens schon wieder vorm Fernseher. Um 6.19 Uhr sagt der Nachrichtensprecher in n-tv vorwurfsvoll: »Vor den irakischen Botschaften ist es zurzeit ruhig – keiner will gegen Saddam protestieren. Vor den amerikanischen Botschaften in aller Welt finden sich dagegen viele Demonstranten ein.« Bin weggedämmert, schrecke um 6.28 Uhr hoch: Hamburg, lese ich da und sehe ein Bild wie aus dem bombardierten Bagdad: tiefschwarze Nacht, dazwischen bewegte Lichtpunkte, zuckend, die übliche morgendliche Live-Einblendung des Senders HH-1 von der Autobahn 7 bei Waltershof. Das Wetter:

N IRAQ · OPERATION IRAQI FREEDOM · KRIEG IM IRAK · MONTAG, 31. MÄRZ 2003, 12. KRIEGSTAG · WAR IN IRAQ · OPERATION IRAQI

»sechs bis zwölf Grad, Sonne«. Es verspricht ein schöner Tag zu werden.

Frühstücksfernsehen. Auf CNN ist gerade wieder live zu sehen, wie Angriffe auf Bagdad geflogen werden. Detonationen, Rauchfahnen. Der wievielte Luftschlag ist das eigentlich? Das wievielte Hundert Bomben, das über Bagdad abgeladen wird? Die Stadt weiter in der Totalen der fest installierten Kamera auf dem bekanntesten Dach der Welt. Neue Detonationen, neue Rauchfahnen. Meine Frau hat für den Balkon ein halbes Dutzend Veilchen mitgebracht, dunkelblau. Sie sind hübsch anzusehen.

Brötchen und »Bild«, das muss sein. Titel: »Verkleidet sich Saddam als US-Soldat?« Durchaus erfolgversprechend. Manche meinen ja sowieso, George W. Bush gehe ohne weiteres als Saddam durch. Innen die besorgte, doppelseitige Überschrift: »Gehen den USA die Bomben aus?« Daneben ein Farbfoto, das ein Gebäude in Bagdad genau in dem Moment zeigt, wo es von Bomben getroffen wird und auseinander fliegt – bei näherer Betrachtung eine Montage. Das geht ja heute ganz schnell mit Photoshop, das fast jeder im Computer hat. Die Redaktion nimmt ein von Associated Press bereits vor Tagen geliefertes Foto, das nach Agenturangaben »ein Bagdader Kommunikationszentrum nach dem Bombardement« zeigt. Dazu sucht sich der findige Bildredakteur dann im Internet aus den Fotodateien ein paar schöne Explosionen raus, möglichst so was Dramatisches mit Feuerwalze und herumfliegenden Gebäudeteilen. Die Einzelteile – altes AP-Foto und die rausgefischten Explosionen – fügt er dann in Photoshop zu einem Bild zusammen und schreibt neben dieses so entstandene, weltexklusive Foto: »Erstmals haben die USA ›Bunkerbrecher‹ eingesetzt, bei den Angriffen wurde die Telefonzentrale der Hauptstadt Bagdad schwer getroffen.«

Daneben wieder Parallelen zum Dritten Reich. Foto-Gegenüberstellung »Deutschland 1938 – Irak 2003«, schwarz gekleidete SS, weiß gekleidete Republikanische Garde. Text: »ZDF-Geschichtsprofessor Guido Knopp zieht den historischen Vergleich: Ist Saddams Leibgarde so grausam wie Hitlers SS?« So grausam kann Populärwissenschaft sein.

Beim Weglegen der Zeitung fällt einer dieser bunten Prospekte aus dem Blatt, diesmal vom Baumarkt Max Bahr. »Power-Frühling« steht da gelb auf rot. Jetzt ist Pflanzzeit. Der Balkon könnte mehr Blumen als die kläglichen sechs Veilchen vertragen, zum Beispiel »Weihrauch, Dahlien, Goldfieber, gelbe Strauchmargariten im 10,5-cm-Topf, Art. 1603466, 1,59

WORLD

GOLF KRIEG 2003

20 N-TV Stereo
Porsche Vz.

GOLF KRIEG 2003

Power-Preis«. Eine neue Sitzgelegenheit wäre auch nicht schlecht, vielleicht die »Gartenbank Salvador: Gestell Flachstahl 6 mm, verzinkt, Sitzflächen massives Robinienholz wetterfest lasiert, Art. 1516975, 169,– Power-Preis«. Sollte mal zum Baumarkt rüberfahren. Muss jetzt aber zum Zug.

ICE 1613, 285 Kilometer bis Zoologischer Garten. Sonne, Cumulus-Wolken, die Bäume kahl. Hinter Büchen eine quer laufende Verfärbung in den Feldern – die ehemalige DDR-Staatsgrenze/BRD-Zonengrenze. Beim Dörfchen Kuhblank am Rande eines Fichtenwäldchens die Umrisse eines Jägers auf einem Hochsitz, seine Flinte ragt über den oberen Rand des Holzturms in den graublauen Himmel. Was, um Gottes willen, denke ich, will der denn hier schießen, um diese Zeit. Kurz vor Berlin-Spandau rechts ein weißes Bauungetüm, das sich so großsprecherisch aufplustert wie Saddams Mausoleen der Macht. Am Eingang steht »eCom Logistic Center«, etliche Stockwerke höher ist der Schriftzug »Herlitz« zu sehen. Dieser hässliche Monumentalbau hier, denke ich für einen Moment, hätte auch ein paar Bomben verdient. Zusammenräumen, Tasche packen, Ausgang.

Bahnhof Zoo. Zum Zeitungsladen, die »BZ« ist ein Muss bei jedem Berlin-Besuch. Dort erklärt mir Chefredakteur Georg Gafron heute unter der Überschrift »Wie einst Hitler« die perfide Strategie Saddams: »Das Ziel ist klar: Die USA sollen zu einem alles vernichtenden Flächenschlag provoziert werden. Ein teuflisches Spiel, das nur dem Gehirn eines Verbrechers entspringen kann.«

Weiter hinten lese ich: »Jette, eng u. feucht wieder da«, »Echt bi veranlagte, devote Analitas, rasiert«, »Junge süße Teufel ab 18 J. feucht und heiß – lassen tropfen deinen Schw...«, »Spandau – Geile Thai, anal«, »Fuß- und Strumpfhosenerotik«, »Für Hobbygynäkologen: a/p Untersuchungsspiele auf dem elektrischen Gynostuhl, a. Umschnalldildo«, »Blitzentsamung, Massage, strenge Hoden- und Analbehandlung« – Welchem Gehirn, denke ich, ist es wohl entsprungen, damit Geld zu verdienen?

Nach dem Termin schnell zurück zum Bahnhof Zoo. Habe mich beeilt, will unbedingt die »Tagesschau« auf dem Großbildschirm in der Bahnhofshalle sehen. Bin ich bildersüchtig geworden? Gerade noch rechtzeitig – 19.54 Uhr. Da sehe ich, was ich nicht sehen will: Rupert Neudeck. Bis ich realisiere, die zeigen ausschließlich ZDF, jetzt »Wiso«, deren Wirtschaftsmagazin. Da werden dann jede Menge Spendenformulare eingeblendet, auf dem

Schirm so groß wie Kleinlaster. »Gerade wir Deutschen müssen helfen«, sagt jemand. Ich gehe.

Zeit zum Rumgehen. Hohlwangige Junkies, etliche Mädchen vom Bahnhof Zoo, Säufer, junge Russen mit diesen kurz geschorenen Köpfen. Pendler. Und einige Reisende mit diesen Rollkoffern, die so laut rattern und quietschen und bei jeder Plattenfuge knallen. Wunderbar, hier darf noch überall geraucht werden. Die Pissoir-Benutzung kostet allerdings 0,60 Euro – »bitte Münzen passend in den Automaten geben«. Wer nicht das entsprechende Kleingeld hat, muss sich einen anderen Platz suchen. Ein »Nordsee-Imbiss Fish & Chips«, »Segafredos Espresso«. Ein Rollwagen mit Softeis, dahinter ein Stehimbiss namens »Alles Worscht«. Hier bin ich richtig. Schnell eine Thüringer mit Brötchen, eine kleine Cola, macht 2,60.

Um halb neun im Wagen 758, Raucher, Richtung Hamburg. Über den Gang zwei junge Bundeswehrsoldaten, auf dem Weg zurück in ihre Kaserne. Einer im Tarnanzug, den Namenszug Knoll auf der Jacke. Der andere mit einem DJ-Bobo-Bart, Ring in der Unterlippe, Silberschmuck oben links durchs Ohr gezogen. Sie haben eine Vierersitzgruppe mit einem Tisch in der Mitte okkupiert, dort einen Laptop aufgebaut und gucken einen Film. »Eij, geil«, höre ich. »Mann, das hat aber gefetzt!« Sie sind mit viel Spaß dabei. »Der hat jetzt die volle Dröhnung gekriegt.« Ich gehe zum Speisewagen und sehe, dass sie die DVD eines Kriegsfilms eingelegt haben. Kinder, denke ich, Kindersoldaten. Kanonenfutter.

Zu Hause noch ferngesehen. Um halb vier holt mich meine Frau ins Bett.

Dienstag,1. April 2003, 13. Kriegstag

- Die Lage: Die Zahl der Opfer unter den Zivilisten im Irak wächst mit zunehmender Dauer und Härte des Krieges. Obwohl es erklärtes Ziel der amerikanischen und britischen Truppen ist, die Bevölkerung so weit wie möglich zu schonen, erschießen US-Soldaten an einem Kontrollpunkt Frauen und Kinder. Das Zentrum Bagdads und die südlichen Vororte werden wieder schwer bombardiert. Es gibt Tote und Verletzte, unter den Einwohnern bricht Panik aus. Das US-Zentralkommando in Doha bedauert die zivilen Opfer, spricht aber zugleich von »unvermeidlichen Begleiterscheinungen« des Krieges.

Noch immer kein Geschenk für Joke. Muss ich noch unbedingt beschaffen. Was, fällt mir im Moment nicht ein.

Bastian zu Besuch. Er kommt aus dem Schwäbischen und studiert in Hamburg Ethnologie. War gerade sechs Wochen in Kairo – Praktikum bei einer Uno-Organisation, »Organized Drug and Crime

M · KRIEG IM IRAK · DIENSTAG, 1. APRIL 2003, 13. KRIEGSTAG · WAR IN IRAQ · OPERATION IRAQI FREEDOM · KRIEG IM IRAK · DIENSTA

Kairo, 1992: Nahost-Korrespondent Kromschröder mit Ehefrau Kristin am Tag vor der Rückkehr nach Deutschland. »Es ist die hässlichste Stadt, die ich gesehen habe. Und die schönste. Ich werde dich wieder sehen, Kairo. Inshalla.«

Prevention«. Hat uns aus der vom Krieg bedrohten Region immer wieder E-Mails geschickt, z.B. am 9. März: »Hier ist es übrigens immer noch sehr friedlich. Zum Demonstrieren trafen sich einige tausend Ägypter im Stadion. Randaliert und Autos umgeworfen haben sie nur, als das Fußballteam von Zamalek verlor.« In den letzten Tagen, so erzählt er, hätten sich allerdings immer wieder Grüppchen auf dem Tahir-Platz im Stadtzentrum versammelt, um gegen den Krieg der Alliierten zu protestieren. Die Polizei sei dazwischengegangen und habe die Demonstrationen rabiat im Keim erstickt. Er schwärmt von Kairo. Ach, Kairo, denke ich. Wir sind ungern dort weggegangen, nachdem wir drei Jahre dort gelebt hatten, meine Frau, die Tochter und ich. Die erhabenen Denkmäler, von denen die Jahrtausende auf dich runterspucken. Das pralle Leben, die Menschen, der Orient in allen Höhen und Tiefen, bittere Armut, vulgärer Protz. Von den Arabern wird die Stadt Al Qahira ge-

N IRAQ · OPERATION IRAQI FREEDOM · KRIEG IM IRAK · DIENSTAG, 1. APRIL 2003, 13. KRIEGSTAG · WAR IN IRAQ · OPERATION IRAQI

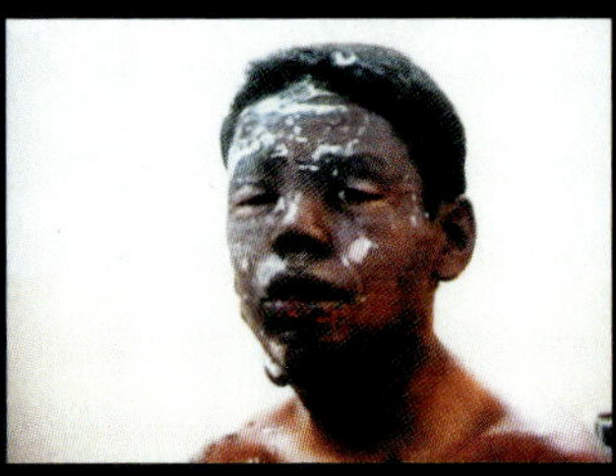

nannt, die Siegreiche. Passender wäre: die Chaotische. Für zwei Millionen Menschen konzipiert, drängeln sich dort heute über 15 Millionen. In manchen Vierteln leben dreimal mehr Menschen als in Kalkutta. Dennoch: Kairo lässt dich nie mehr los. Es ist die hässlichste Stadt, die ich gesehen habe. Und die schönste. Ich werde dich wieder sehen, Kairo. Inshalla.

Abends, wie immer dienstags, auf einen Wein mit Freunden und Nachbarn beim Italiener. Heute schleppen sich die Gespräche hin. Keine Lust zu reden, fast eingeschlafen. Schon gegen elf ins Bett. Um viertel vor zwei aufgewacht.

Nachtprogramm. Ich höre, dass jetzt in England britische Staatsbürger ausgewiesen werden können, die als Terroristen gelten und eine zweite Staatsangehörigkeit haben. Um Punkt zwei kommt in CNN Donald Rumsfeld aus Washington live ins Bild. Improvisierte Pressekonferenz. Kritik am Irak-Einsatz ist laut geworden. Neben ihm steht der republikanische Senator John Warner, der Wert darauf legt, in folgende US-Kriege »involviert« gewesen zu sein: Korea, Vietnam, Panama und Somalia. Und dann sagt Rumsfeld einen seiner Sätze: »Durch das irakische Regime wurden in den letzten zwölf Tagen mehr Männer, Frauen und Kinder getötet als durch alle Kollateralschäden der Koalition.« Irritation. Immer wieder wird jetzt Bagdad live zwischengeschaltet. Lichtblitze im Dunkel der Totalen, Explosionen, Rauchfahnen.

Bei n-tv bleibt der Bagdad-Blick vom bekanntesten Dach der Welt oben links stehen, während im großen Bild das normale Programm weitergeht. Es steht auch noch, als ab viertel vor drei Teleshopping beginnt. Drei Frauen an einem Tisch im Studio. Heute wird zuerst als »Highlight« ein Turmalin-Anhänger mit Namen »Basic Help« für 99,95 Euro angeboten, der »diese magnetische Zauberwirkung« hat. Briefe zufriedener Käufer. Silke schreibt: »Durch Basic Help sind meine Hautprobleme und die meines Mannes besser geworden.« Und Mario schreibt: »Ich bin echt sehr zufrieden.« Einblendung: »Wieder vorrätig«. Während das Bagdad-live-Bild oben links immer weiter läuft, wird danach ein »DVD-Player mit 1400-Watt-Subwoofer und Karaoke-Funktion« für 299,95 Euro angeboten. »Ran ans Telefon, ausprobieren!« Und oben links sehe ich immer noch das nächtliche Bagdad live in der Totalen, die Feuer lodern.

Um halb vier zu BBC World rüber, Dauersendung »Iraq War«. Bericht über »Winning hearts and minds« in der Nähe von Basra. Zu sehen sind britische Soldaten, statt Stahlhelm jetzt Barett mit

diesen affigen roten Büscheln dran, auf Goodwill-Tour. Zu sehen sind skeptische Irakis, Invasionssoldaten, die etwas verständnislos guckenden Kindern englische Volksweisen vorträllern. Der über die Bilder gelegte Kommentar: »Es wird etwas länger dauern, ihnen ihr Land zurückzugeben.« Auf CNN ähnliche Bilder, GIs verteilen Wasserflaschen. Kommentar: »Die Soldaten können jetzt beweisen, dass sie nicht gekommen sind, um zu kämpfen, sondern um zu helfen.«

Mittwoch, 2. April 2003, 14. Kriegstag

- Die Lage: Zwei Wochen nach Beginn des Irak-Krieges haben die amerikanischen Truppen und ihre Verbündeten nach eigenen Angaben bedeutende Erfolge auf dem Weg in die Hauptstadt errungen. »Der Ring um Bagdad schließt sich«, sagt US-Verteidigungsminister Rumsfeld. Das amerikanische Militär teilt mit, einige Einheiten seien bereits in die »rote Zone« rund um Bagdad eingedrungen. Der Kommandeur der britischen Truppen, Brian Burridge, verkündet, die »entscheidende Phase« zur Absetzung des irakischen Präsidenten Saddam Hussein habe begonnen.

Anruf aus Mallorca, die Nachbarn. Prima Wetter, Pollenca wirklich hübsch. Nein, sage ich, noch keine ihrer Pflanzen macht schlapp. In spätestens zwei Wochen wollen sie wieder da sein.

ARD-Mittagsmagazin. Die ersten, noch unbestätigten Meldungen, eine Cluster-Bombe der Amerikaner habe in dem Städtchen Hallah südlich von Kerbela mindestens 20 Menschen zerfetzt. Es klingelt. Uwe. Er ist, ja, Fotograf. Wir haben lange Jahre zusammengearbeitet. Jetzt wohnt er draußen auf dem Land, nördlich von Stade, hatte eine lange Sitzung bei seinem Zahnarzt in unserer Straße. Er kann mir erklären, wie so eine Cluster-Bombe funktioniert: »Man nennt sie auch Daisy-Cluster, weil sie, wie ein Gänseblümchen ihre Blätter, bei ihrer Explosion bis zu 200 kleine Bomben abwirft.« Diese Beipackbomben explodieren kurz über dem Boden und schleudern scharfkantige Splitter in die Gegend, die die Menschen buchstäblich auseinanderreißen. 20 Prozent der »Bomblets«, der Bömbchen, bleiben jedoch als Blindgänger liegen, Kinder spielen mit den bunten Dingern, werden schwer verletzt oder getötet.

Uwe weiß das alles, weil er gedient hat. Wenn auch nicht die volle Zeit, weil er vorher einen Antrag auf Anerkennung als Kriegsdienstverweigerer gestellt hat. Sechziger Jahre, Kalter Krieg: Uwe war in Itzehoe bei einer Bundeswehreinheit, die einem mit »Honest John«-Atomraketen bestückten US-Kommando zuarbeitete. »Die haben sogar einkalkuliert, deutsche

N IRAQ · OPERATION IRAQI FREEDOM · KRIEG IM IRAK · MITTWOCH, 2. APRIL 2003, 14. KRIEGSTAG · WAR IN IRAQ · OPERATION IRAQI

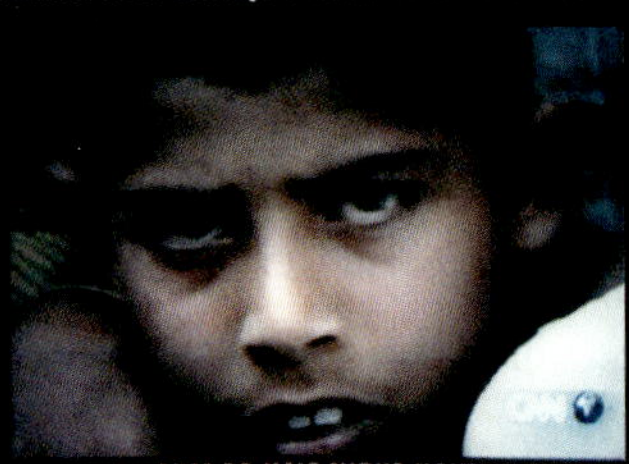

Städte mit Atomkanonen plattzumachen.« Zu diesem Zweck hat der Wehrpflichtige Uwe in ganz Schleswig-Holstein die günstigsten Abschussplätze vermessen und markiert, ihre Koordinaten in geheime Militärkarten eingezeichnet. »Von solchen Stellen sollten dann zum Beispiel Mölln, Ratzeburg und Geesthacht mit Atomgranaten beschossen werden – ohne Rücksicht auf die Zivilbevölkerung und die radioaktive Verseuchung auf Jahrhunderte.«

Seit dieser Erfahrung traut er den Amerikanern im Krieg jede Rücksichtslosigkeit zu. »Die hatten die Hand am Drücker, am roten Atom-Knopf, und den hätten sie ohne Skrupel betätigt.« Die Bundeswehr musste ihn ziehen lassen, und als er ging, nahm er auch das Goethe-Zitat mit, das er innen an seine Spindtür gepinnt hatte: »Durch Heftigkeit ersetzt der Irrende, was ihm an Wahrheit und an Kräften fehlt.« Das sagt Uwe wie auf Knopfdruck her.

N-tv berichtet, Rumsfeld habe den Irak zur bedingungslosen Kapitulation aufgefordert. Dazu eine Frage an die Zuschauer. Der Nachrichtensprecher: »Wenn Sie bei unserer Frage ›Sollten die USA und Großbritannien zum jetzigen Zeitpunkt mit dem Irak über einen Waffenstillstand verhandeln?‹ mit Ja antworten, wählen Sie 01, bei Nein die 02.« (Es folgt die entsprechende Einblendung.) Sind die so brennend an der Meinung ihrer Zuschauer interessiert? Unten lese ich: »Pro Anruf 0,49 Euro vom Festnetz.« Vom Handy ist es also teurer. Wieviel Tausend werden da anrufen? Wieder so eine Abzocknummer, denke ich, die Hälfte der Telefongebühren bleibt beim Sender hängen. So eine Frage stellen die jeden Tag. Kleinvieh macht Mist.

Um vier wieder auf CNN. Tony Blair im Unterhaus: »Wir wollen den Menschen ihr Land befreit übergeben.« Doch der Jubel der irakischen Bevölkerung hält sich erkennbar in Grenzen. Keiner tanzt auf den Straßen, niemand schwenkt Fahnen. Der britische General Robin Brims kommt ins Bild: »Die jubeln nicht, weil sie immer noch nicht glauben, dass wir auch bleiben.« Die Botschaft der britischen Armee an alle Irakis laute: »Seid beruhigt, wir werden euch befreien. We'll finish the job.«

Die Cluster-Bomben, die Zivilisten zerfetzt haben, sind Thema geblieben. Menschenrechtsorganisationen haben sich eingeschaltet. Die Cluster gehörten zu den international geächteten Waffen. Heute sind jedoch auf allen Sendern Bilder helfender Soldaten zu sehen. Ich habe den Eindruck, ohne Vorwarnung in die PR-Gegenoffensive ›Soldaten als Gutmenschen‹ geraten zu sein: Ein uniformierter

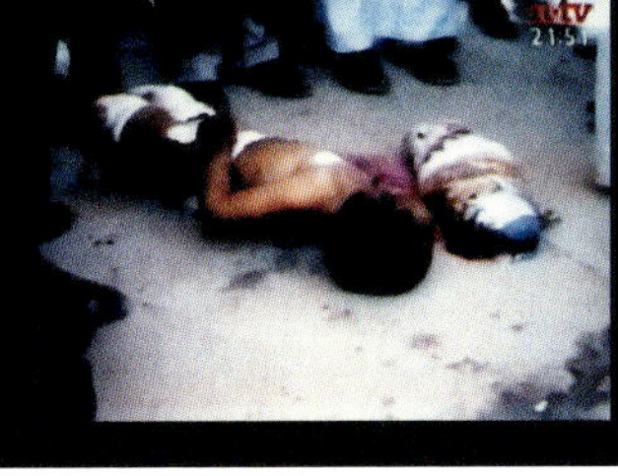

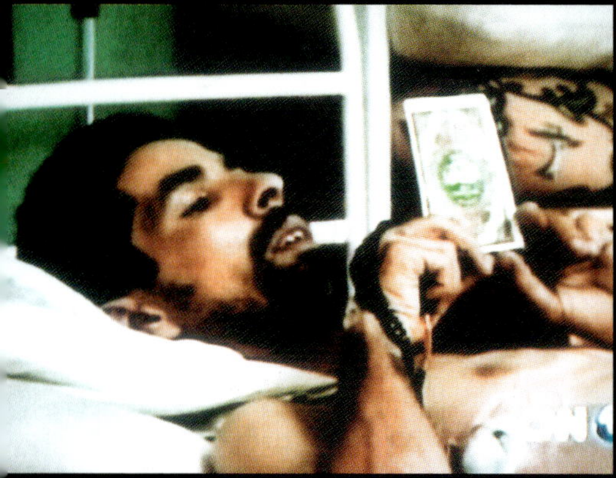

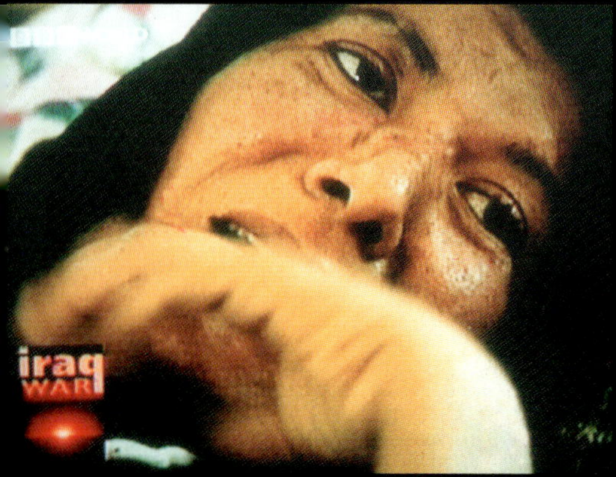
iraq
WAR

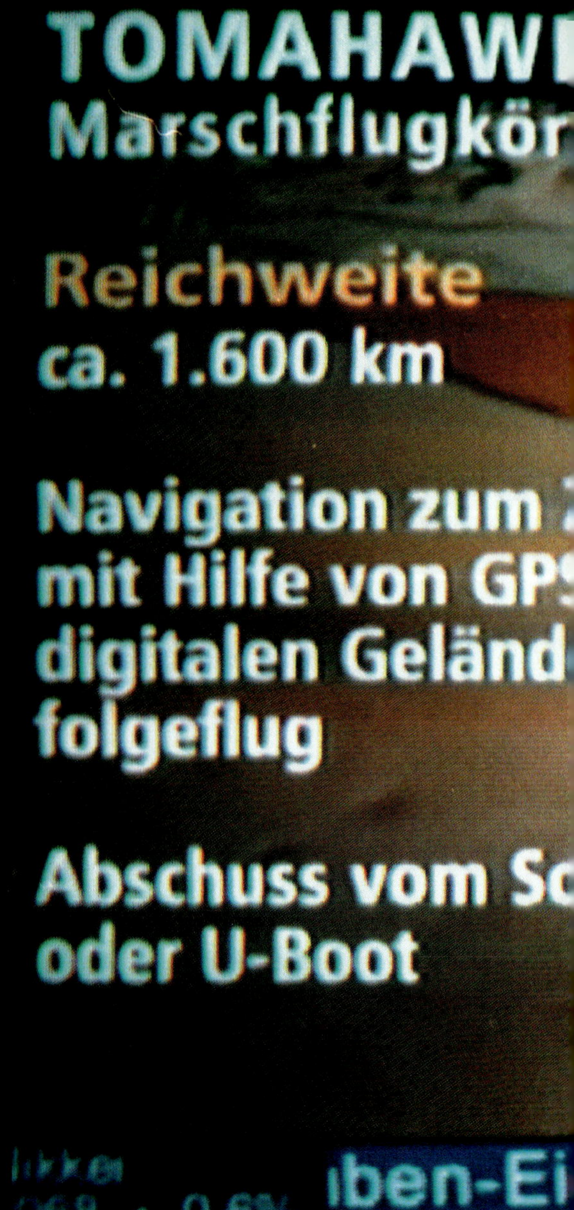
TOMAHAW
Marschflugkör
Reichweite
ca. 1.600 km
Navigation zum
mit Hilfe von GP
digitalen Geländ
folgeflug
Abschuss vom S
oder U-Boot
iben-Ei

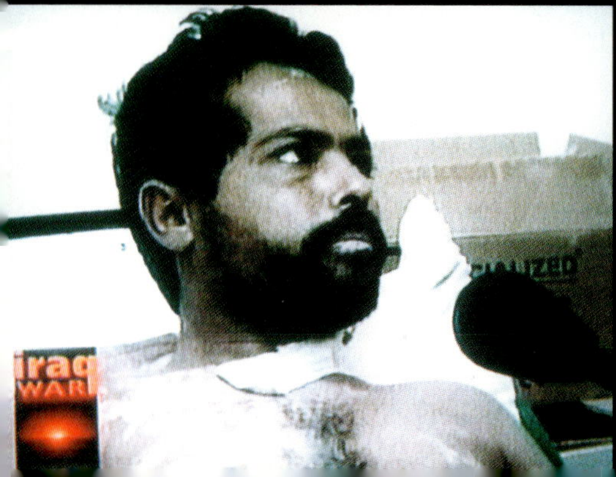
iraq
WAR

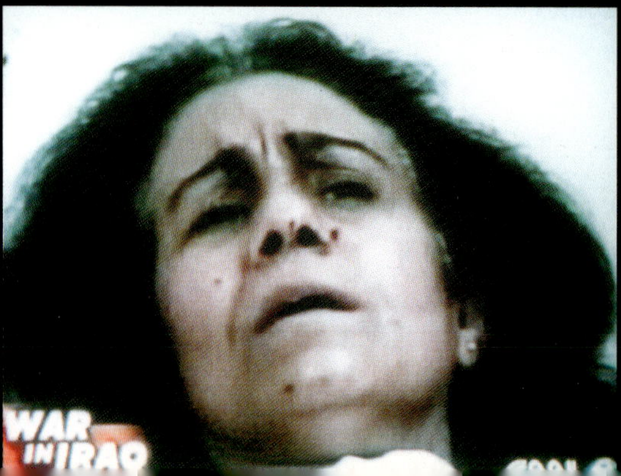
WAR
IN IRAQ

GOLF KRIEG 2003

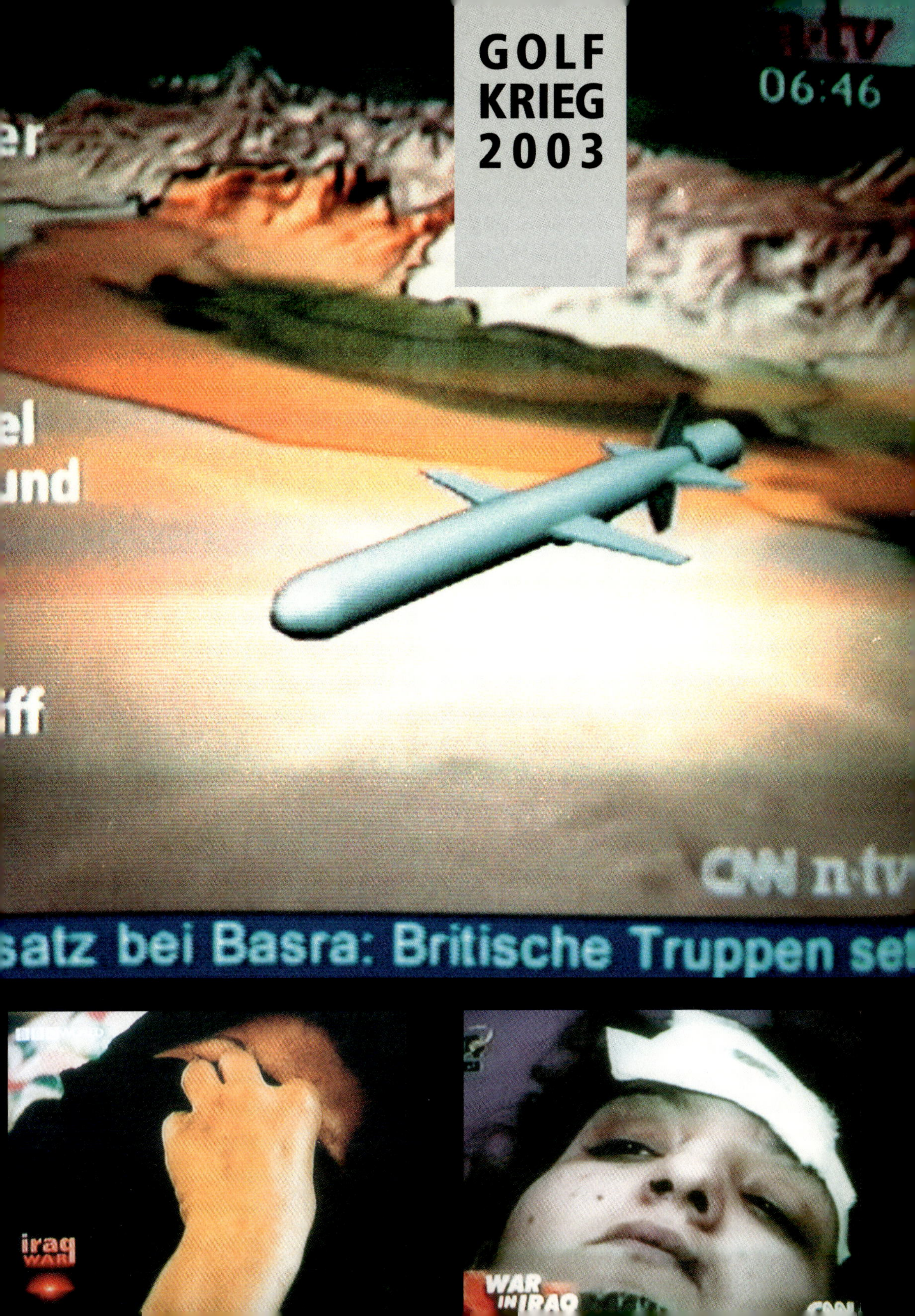

Arzt hört mit dem Stethoskop ein halb verhungertes Kind ab. Ein Sanitäter bettet ein Mädchen sanft auf ein frisch bezogenes Bett. Militärchirurgen einer mobilen Sanitätseinheit operieren ein zweijähriges Kind, das durch ein Schrapnell verletzt worden ist. Im Hintergrund hängt, genau im Blickwinkel der Kamera, ein Sternenbanner. Damit jeder weiß, wer hilft.

Oder ich sehe britische Soldaten, die bei Basra aus einem Lastwagen heraus Lebensmittelpakete an Iraker verteilen. Heilloses Geschubse an den Ladetüren. Dies wird, so erfahre ich später, einer der ganz wenigen Lebensmittel-Lkw für Basra bleiben in diesen Tagen. Auf dem Lkw-Dach ein Dutzend Fotografen und Kameraleute, unten in der Menge weitere Kollegen. Ein Pressetermin, Thema: Soldaten als Samariter. Die Medienmeute lässt sich instrumentalisieren, spielt mit.

Eine andere Inszenierung für die Presse, diesmal zum Thema: So freut sich der Iraker, dass die fremden Soldaten da sind. Auf CNN sehe ich folgende Sequenz: Ein britischer Soldat redet gestikulierend auf einen irakischen Jungen neben sich ein. »Smile«, sagt er immer wieder, lächelt breit und beispielgebend. Der Junge blickt ihn verständnislos an, starrt dann weiter verbissen vor sich hin. Der Engländer lässt nicht locker. »Smile«, sagt er und greift zum Gesicht des Jungen, will seine Mundwinkel hochziehen. Endlich hat der's kapiert, lächelt. Der Soldat legt schnell seinen linken Arm um die Schulter des jungen Iraki, beide lachen für einen Moment breit in die Kamera. Ende des Fototermins. Endlich ein Bild, das illustriert, wie froh die irakische Bevölkerung ist, die Soldaten zu sehen, die sie befreien wollen. Bilder, die um die Welt gehen.

Ein amerikanischer TV-Reporter hat mir mal spätabends in irgendeinem Krisengebiet an irgendeiner Hotelbar folgende Aufgabe gestellt: Du bist als Fernsehmensch in Afrika in einem Kriegsgebiet, kriegst aber nix auf die MAZ, das die Zentrale bewegen könnte, dich mal wieder auf Sendung zu nehmen – die finden alles sterbenslangweilig, was du anbietest. Problemlösung: Du gibst vier Soldaten ein paar Scheine, bittest sie, sich mit ihren Maschinenpistolen für ein Erinnerungsbild um dich rumzustellen und düster zu gucken. Dann sagst du, gepresst redend, in die laufende Kamera: »Die Situation hier hat sich dramatisch zugespitzt, wir Journalisten werden jetzt schon von bis an die Zähne bewaffneten Soldaten überwacht, so dass ich mich nicht mehr frei bewegen, nicht mehr frei reden kann (ängstliche Blicke), ich muss jetzt abbrechen, ich gebe zurück in die Zentrale« – die Bimbos verstehen ja

N IRAQ · OPERATION IRAQI FREEDOM · KRIEG IM IRAK · MITTWOCH, 2. APRIL 2003, 14. KRIEGSTAG · WAR IN IRAQ · OPERATION IRAQI

eh nix, und du warst mal wieder mit einem dramatischen Aufsager auf Sendung. Forget the facts, push the story.

Eine andere Preisfrage, die mir ein fest angestellter Fotograf eines großen US-Magazins gestellt hat, auch an irgendeiner Hotelbar: Du bist in der Dritten Welt und hast den Auftrag, dort bittere Armut abzulichten, findest sie aber nicht – wie hilfst du diesem Mangel ab? Antwort: Du wirfst eine Hand voll Hartgeld in einen stinkenden Müllhaufen, schon wühlen die Kinder darin herum, und du hast endlich das Bild, nach dem sich deine Redaktion die Finger leckt, und sie räumen dir dafür vielleicht sogar eine Doppelseite frei. Bilder, die die Welt bewegen.

Ich muss mal raus aus dem Bildersturm. Abends Verabredung in der »Fabrik«, dem Hamburger Musikschuppen. Am Bahnhof gerate ich in eine sich auflösende Demonstration gegen die Polizeigewalt bei der Schüler-Demo vom letzten Montag. Eingerollte Transparente, Polizisten legen ihre Schutzhelme ab, setzen ihre Baretts auf. Der Krankenwagen fährt leer weg. Mit der S-Bahn nach Ottensen, einem der buntesten Stadtteile Hamburgs. Gaziantep-Grill, Schlecker, Belutschistan, Sigi's Backhäusel, Turkish Airlines, Aladin, Video aktiv, Penny-Markt, Efendi Food. Überm Eingang der »Fabrik« das Transparent: »Dieser Krieg ist verbrecherisch«. Man entkommt ihm nicht.

Treffen mit Daniel, der sich immer um meinen Computer kümmert. Obwohl er auch schon auf die Fünfzig zugeht, trägt er immer noch spitze Cowboystiefel und Lederweste. Und hat noch eine Moto Guzzi. Früher sind wir zusammen im Motorradclub »Kuhle Wampe« gefahren und haben, wie wir es verstanden, antifaschistische Arbeit gemacht, sind auch schon mal, wenn's denn sein musste, mit Neonazis aneinander geraten. Reden über die alten Kumpels. Der Joschi, der damals in einem weiß lackierten Gespann geheiratet hat – längst getrennt, die Tochter ist schon 19. Harley-Herbert – fährt immer noch seine damals schon alte Harley. MZ-Herbert – nie mehr was von gehört. Zuletzt war ich mit Daniel bei Dylan und ZZ Top. Die Musik, wegen der wir heute gekommen sind: »Fanfare Ciocarlia«, elf rumänische Zigeuner, eine laute, schräge Brassband, Roma-Hip-Hop. Heavy Metal auf Blasinstrumenten, aasig schnell, Headbanger-Musik. Der Orient in Europa. Der kraftstrotzende Balkan. Die volle Dröhnung.

Nach Mitternacht wieder, doch bildersüchtig, reingeschaltet bis halb drei. Die üblichen Frontberichte. Im n-tv-Wirtschaftsticker: Parallel zum Vorrücken

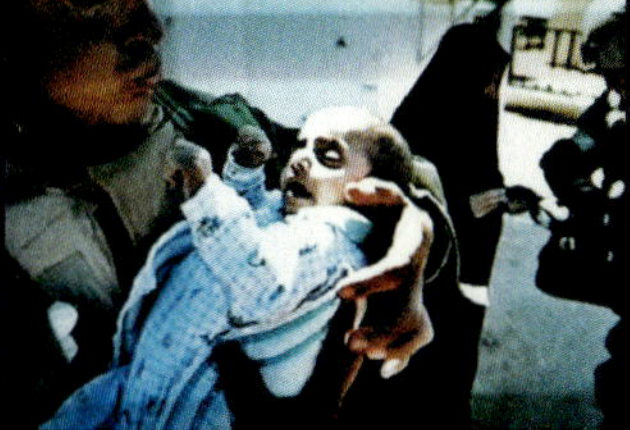

der US-Truppen sind die Aktienkurse gestiegen. Ich sehe Saddam Hussein auf CNN bei einer seiner Durchhaltereden: »Wir werden den Invasoren die Kehle durchschneiden.« Und ich sehe, auch nicht besser, Brigadegeneral Vincent Brooks im US-Hauptquartier Doha: »Der Dolch bleibt in unserer Hand. Wenn es so weit ist, werden wir tiefer zustechen.«

Donnerstag, 3. April 2003, 15. Kriegstag

■ Die Lage: Trotz andauernder Erfolgsmeldungen der Militärs warnt der britische Verteidigungsminister Geoff Hoon davor, den Krieg schon als gewonnen zu betrachten. Bei ihrem Marsch auf Bagdad kommen die US-geführten Streitkräfte nach eigenen Angaben bis auf 15 Kilometer an das Zentrum der irakischen Hauptstadt Bagdad heran. US-Außenminister Powell spricht sich in Brüssel für eine Rolle der Nato im Nachkriegs-Irak aus.

Heute in den Zeitungen: Peter Arnett ist, wie man in diesen Tagen so passend sagt, gefeuert worden. Der US-Nachrichtensender NBC/MSNBC hat ihn entlassen, weil er dem irakischen Staatsfernsehen ein Interview gegeben hat, in dem er die Kriegspläne der Amerikaner als gescheitert bezeichnete. Damals, 1991, waren wir zusammen im bombardierten Bagdad. Wir zwei Dutzend Reporter, die es in die irakische Hauptstadt geschafft hatten, empfanden uns als die »chosen few«, die Auserwählten. Und die Augen der Welt schauten auf Arnett, als CNN-Reporter live aus Bagdad. Er war für die Welt das Fenster zum letzten Golfkrieg. In diesen Wochen war sein Gesicht auf allen Erdteilen so bekannt geworden wie das von Che Guevara.

Vor ein paar Jahren hat er ein Buch geschrieben. Titel: »Unter Einsatz des Lebens – Der CNN-Reporter live von den Kriegsschauplätzen der Welt«. Ich war enttäuscht. Denn da konnte man nachlesen, was für knallharte Hunde wir Buben aus Bagdad und von den anderen Weltbrandstätten doch sind: Söldner der Sensationen, Ledernacken der Live-Übertragung, Elitesoldaten der Exklusivstory, Landser der Kriegsliteratur. Immer einsatzbereit, immer an vorderster Front, immer unberührt.

Ich kenne dich anders, Pete. Du hast mir sehr geholfen damals als älterer, erfahrener Kollege. Wir haben viel geredet in den Nächten der Angst in Bagdad, wo auch wir gezittert haben vor den Bomben, wenn wir es auch nie recht zugeben wollten. Jede Nacht dieses durchdringende Sirenengeheul, die Explosionen, das Feuer, die Toten. Reporterleben im Al-Raschid in diesen Tagen des Todes: Das Hotel serviert

N IRAQ · OPERATION IRAQI FREEDOM · KRIEG IM IRAK · DONNERSTAG, 3. APRIL 2003, 15. KRIEGSTAG · WAR IN IRAQ · OPERATION IRA

der verbliebenen kleinen Journalistencrew nur ein höchst karges Frühstück mit einer Tasse Kaffee. In der Stadt können auch wir nichts mehr zu essen kaufen, auch nicht gegen Dollarbündel. Alle Restaurants sind geschlossen. Die Hungerkatastrophe in Bagdad ist programmiert. Die Verpflegung hat jeder von uns im überladenen Auto auf der 1000 Kilometer langen Strecke durch die Wüste aus Jordanien mitgebracht, zusammen mit vollen Benzinkanistern für die Hin- und Rückfahrt. Der Kleiderschrank ist voll gepackt mit eingeschweißtem Käse, Kisten mit Wasser in Plastikflaschen, Thunfischdosen im Zwölferpack, Bündeln mit Batterien für die Taschenlampen, mit Kerzenboxen und Stapeln Fladenbrot, das so langsam zu schimmeln anfängt, einen modrigen Geruch im ganzen Zimmer verbreitend. Das Telefon auf dem Nachttisch ist tot. Die Glühbirnen geben kein Licht. Tagsüber stehen alle Zimmertüren offen – damit wenigstens dann etwas Licht auf die langen, fensterlosen Hotelflure kommt. Der Fahrstuhl ist außer Betrieb, Treppensteigen bis ganz nach oben.

Der Wasserhahn ist trocken. Nur abends zwischen fünf und sechs läuft mal kurz das Wasser. Man füllt schnell die Badewanne voll. Man weiß ja nie, ob die Wasserversorgung nicht völlig ausfällt – wie in der ganzen Stadt. Hotel-Wäscheservice – Fehlanzeige. Das erledigt man selbst in der Fußwanne der Dusche, hängt das Zeugs dann zum Trocknen an eine Leine, die quer übers Bett gespannt ist.

Pete, du hast das, wie du mir damals erzähltest, ähnlich empfunden wie ich: Man wird bescheiden, Ballast fällt von einem ab. Du bist auf dich geworfen, kommst zum Wesentlichen. Es gibt niemanden, der dir die Wäsche macht – na und, brauche ich das zum Überleben? Und wenn du nachts im kalten Zimmer mit einem Streichholz herumfummelst, um eine Kerze anzuzünden, denkst du dir: Du hast's noch gut – wie viele sitzen in klammen Folterverliesen mit Binden vor den Augen und können noch nicht einmal flackerndes Kerzenlicht sehen. Oder wenn es zum Frühstück kein Ei gibt, da sagst du dir: Wie viele der 23 Millionen Iraker haben noch nicht einmal Brot zu essen, nichts zu trinken außer schlammigem Tigriswasser. Und jeden Tag das Feuer, die Leichen – ist das nicht wunderbar, dass du lebst. Solche Situationen reinigen das Denken und machen dir klar, was vielleicht wirklich von Bedeutung ist in einem Menschenleben.

Du hast mir damals einen Tipp gegeben, Pete, den ich fortan beherzigt habe: »Lass dich nie gehen in solchen Situationen, ordne deinen Alltag, egal, was um dich

Bagdad, Golfkrieg 1991: CNN-Reporter Peter Arnett als Medienprofi nach einer Live-Übertragung im Garten des Hotels. »Wenn die Kamera ausgeschaltet ist, tritt Zensor al-Janabi vor, redet auf Arnett ein, kritisiert und tadelt.«

rum passiert. Versäume es zum Beispiel nie, dich zu rasieren. Wenn du dich in diesen kleinen Dingen verlottern lässt, bist du verloren.« Wir haben viel geredet. Ich habe dir von meiner Familie erzählt. Von den Kindern. Einmal konnte ich von deinem Satellitentelefon aus – natürlich unter Aufsicht eines Zensors – meine Frau in Kairo anrufen, ihr nach langen Wochen ohne jeden Kontakt ein kurzes Lebenszeichen geben. Du hast mir von deiner neuen Flamme vorgeschwärmt, der jungen Israelin Kimberley Moore. Eigentlich seist du ja einer, der jedem Rock hinterherjage, aber in diesen einsamen Tagen in Bagdad sei dir klar geworden, dass sie die wunderbarste Frau der Welt sei und dass du mit ihr in Treue fest den Rest deines Lebens verbringen wolltest. Ihr habt dann auch wenige Wochen nach dem Krieg mit großem Brimborium geheiratet (seid ihr eigentlich immer noch zusammen?). »Bagdad-Pete« wurdest du damals in aller Welt genannt. Das hat dir

N IRAQ · OPERATION IRAQI FREEDOM · KRIEG IM IRAK · DONNERSTAG, 3. APRIL 2003, 15. KRIEGSTAG · WAR IN IRAQ · OPERATION IRA

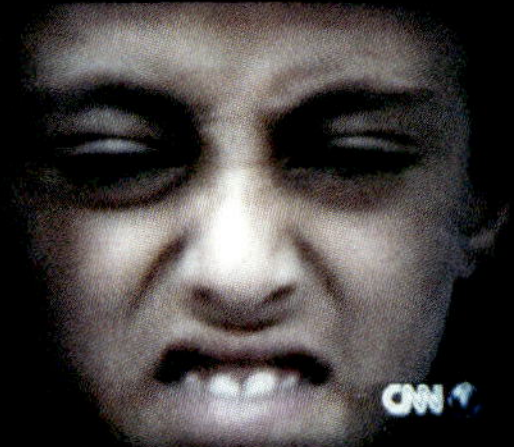

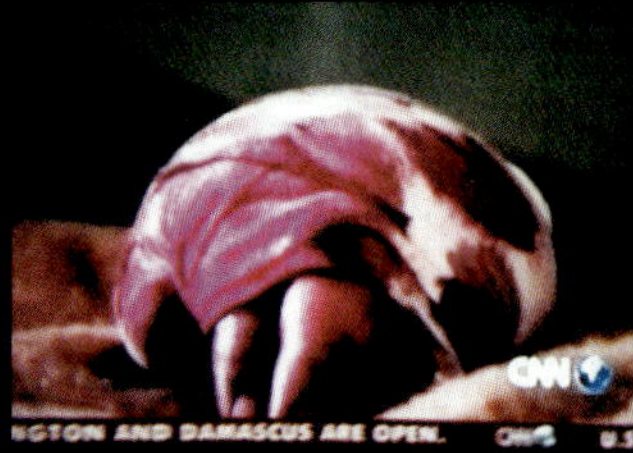

Bagdad, Golfkrieg, 13. Februar 1991: Der andere Peter Arnett, am Bunker von Amiriya. »Diese Kinder haben Saddam Hussein nicht an die Macht gebracht. Verdammt, lasst doch wenigstens die unschuldigen Kinder in Ruhe.«

gefallen, weil das wie der Name eines Western-Helden klingt und nach Pulverdampf riecht. Dass du wirklich so einer bist, das habe ich dir nie abgenommen.

Der Postbote klingelt. Neben einigen Zeitungen einen dieser behördengrün getarnten Briefe mit zahlreichen, offiziell wirkenden Stempeln und Aufklebern, die einem vorgaukeln sollen, man habe für den Rest seines Lebens ausgesorgt. Heute steht da drauf: »Öffnen Sie diesen Umschlag – es geht um Ihre Millionen-Chance!« Dann lese ich da noch: »Gesamtgewinnsumme: Über 888 Mio. Euro. Höchster Gewinn: 12,5 Millionen Euro. Höchstgewinnchancen: bis zu 100 % im Laufe von 6 Klassen« – was immer das heißen mag.

Die alten Unterlagen Bagdad 1991 rausgekramt. Die haben jetzt jahrelang unberührt in einem Karton gelegen, in dem eine Stereo-Anlage verpackt war, die wir uns in diesem Jahr in Kairo gekauft hatten. Ein Stapel kleiner Notizblöcke (müssen ja immer in die linke Brusttasche des Hemdes

DOM · KRIEG IM IRAK · DONNERSTAG, 3. APRIL 2003, 15. KRIEGSTAG · WAR IN IRAQ · OPERATION IRAQI FREEDOM · KRIEG IM IRAK ·

passen). Abgelegte Erinnerungen. Darin rumgeblättert. An einer Stelle lese ich die Stichworte: »Bunker Amiriya. 400 Tote. Feuerwalze. Zusammengebackenes Menschenfleisch. Leichengeruch. Babys. Hitze hat ihnen Hirnschale weggesprengt.« Ich lege den Notizblock weg, gehe zum Mappenschrank, in dem die Fotos liegen.

Ich sehe die Kontaktabzüge meiner 91er Fotos durch, diesmal genauer, mit der Lupe. Schließlich finde ich auch Peter Arnett. Zahlreiche Aufnahmen in der Pose, in der er sich gefällt: als »Bagdad-Pete« live vor Millionen Zuschauern in 120 Ländern der Erde, wo CNN empfangen werden kann. Seine Schokoladenseite. Er vor der Kamera auf dem Dach des Hotels oder im Garten, von Scheinwerfern angestrahlt. Jetzt sehe ich auch wieder, was die Zuschauer damals nicht gesehen haben: Direkt neben dem CNN-Reporter steht sein Aufpasser Saduun al-Janabi, ein besonders scharfer Hund vom Propagandaministerium, eines der 1000 Augen des irakischen Geheimdienstes. Der steht da, außerhalb des Winkels, den die Kamera erfasst, um einzugreifen, wenn Arnett auch nur einen Deut von dem vereinbarten Text abweicht. Wenn die Kamera ausgeschaltet ist, tritt Zensor al-Janabi vor, redet auf Arnett ein, kritisiert und tadelt. Deshalb wurde oft genug in Arnetts Fernsehberichten die Zeile »Cleared by Iraqi Censors« eingeblendet, bereinigt von der irakischen Zensur. Dann noch Bilder von Pete, wie er mit seinem Team aus dem Hoteleingang eilt, auf dem Weg zu einem jener Orte, wo wieder einmal Bomben Zivilisten getötet haben. Der rasende Reporter.

Und dann finde ich Bilder der anderen Seite des Peter Arnett. Einer der Kontaktbögen mit den Fotos vom Bunker von Amiriya, getroffen von zwei amerikanischen Marschflugkörpern. Die Aufnahme eines Lastwagens, auf den die Leichen geworfen werden. Ein irakischer Soldat, grüne Uniform und Barett, stützt sich auf die Kühlerhaube eines Autos und weint bitterlich. Verbrannte Menschenleiber im Innern des Bunkers. Es folgen wieder Außenaufnahmen. Eine davon zeigt Arnett: Kein Strahlemann-Lächeln, abgehärmt sieht er aus. Der Soldat neben ihm scheint zu weinen. Dann hast du das Mikrofon weggelegt und zu mir gesagt (ich hab noch mal in meinen Notizblöcken nachgeguckt): »Mein Gott, so viele Schwielen kann sich eine Seele ja nicht zulegen: Unter den verkohlten Leichen waren fast hundert Kinder, diese Kinder haben Kuwait nicht überfallen, sie haben Saddam Hussein nicht an die Macht gebracht. Verdammt, lasst doch wenigstens die unschuldigen Kinder in Ruhe.«

N IRAQ · OPERATION IRAQI FREEDOM · KRIEG IM IRAK · DONNERSTAG, 3. APRIL 2003, 15. KRIEGSTAG · WAR IN IRAQ · OPERATION IRA

Um halb fünf schnell mal raus, zur Buchhandlung. Ein Buch für Joke gefunden. Wenn der jetzt anruft, kann ich sagen: Ach, dein Geburtstagsgeschenk, das liegt schon lange hier. Noch einen Kaffee getrunken in einem der neuen Cafés, wo man schief angeguckt wird, wenn man keinen Latte Macchiato bestellt. Da gehen viele Studenten hin, um sich Kaffee im Pappbecher zum Mitnehmen zu holen. Draußen auf dem Bürgersteig ein Aufsteller. Darauf steht: »Kaffee auch to go«. Und: »Täglich wechselnder Bagel of the Day«.

Abends irritiert vorm Fernseher: Was'n das schon wieder? Wieder so grobkörnige, grüne Bilder, auf denen man nur Schemen erkennt, diesmal auch noch mit einem schwarzen, runden Rahmen, wie beim Blick durch ein Kaleidoskop. Es sind, wie ich dann erfahre, vom Pentagon lancierte Videoaufnahmen mit Restlichtverstärker der nächtlichen Befreiungsaktion der 19-jährigen US-Soldatin Jessica Lynch aus einem irakischen Krankenhaus. Am Freitag lese ich in »Bild«: »Der Einsatz dauerte nur sechs Minuten.« Dennoch, so entnehme ich dem Blatt, sollen die Soldaten bei der knapp kalkulierten Zeit und dem extremen Stress hinter den feindlichen Linien noch reichlich Muße gehabt haben, sich mal in dem Hospital gründlich umzusehen, sogar Zeit gefunden haben, bis in den Keller hinunterzusteigen. Dort, selbstverständlich, »entdeckten die Befreier, wie grausam Kriegsgefangene von den Irakern gequält wurden. In einem kahlen Raum fanden sie ein Bettgestell mit Fesseln, Stromkabel, eine Autobatterie.« Zu schön, um wahr zu sein. So gewappnet, kann »Bild« logisch schlussfolgern: »Saddams Soldaten sollen sie mit schweren Eisenstangen geschlagen, mit Elektroschocks gefoltert haben.« Jetzt wird das Mädchen als »schöne, tapfere Soldatin Jessica« gefeiert. Dabei taugt sie gar nicht zur Heldin. Die schiere Not hatte sie in die Uniform getrieben, nicht der Patriotismus: Da mittellose Eltern, wie die von Jessica, in den USA keine Ausbildungshilfen bekommen, verpflichtete sie sich bereits einen Monat nach der High School für ein paar Dollar mehr für sechs Jahre zur Army – dort wollte sie sparsam leben und mit dem Sold ihr Studium bezahlen. Sie wollte Lehrerin werden.

CNN, nach Mitternacht. Ich sehe eine enge Gasse, im Hintergrund die goldene Kuppel einer Moschee. Irgendwie kommt sie mir bekannt vor. Die Gasse ist voll gestopft mit Männern, die dicht gefügt nebeneinander stehen wie eine Mauer. Die meisten von ihnen tragen die bis zum Boden reichende Dischdascha, das traditionelle arabische Gewand. Sie gestikulieren

DOM · KRIEG IM IRAK · DONNERSTAG, 3. APRIL 2003, 15. KRIEGSTAG · WAR IN IRAQ · OPERATION IRAQI FREEDOM · KRIEG IM IRAK · D

GOLF
KRIEG
2003

GOLF KRIEG 2003

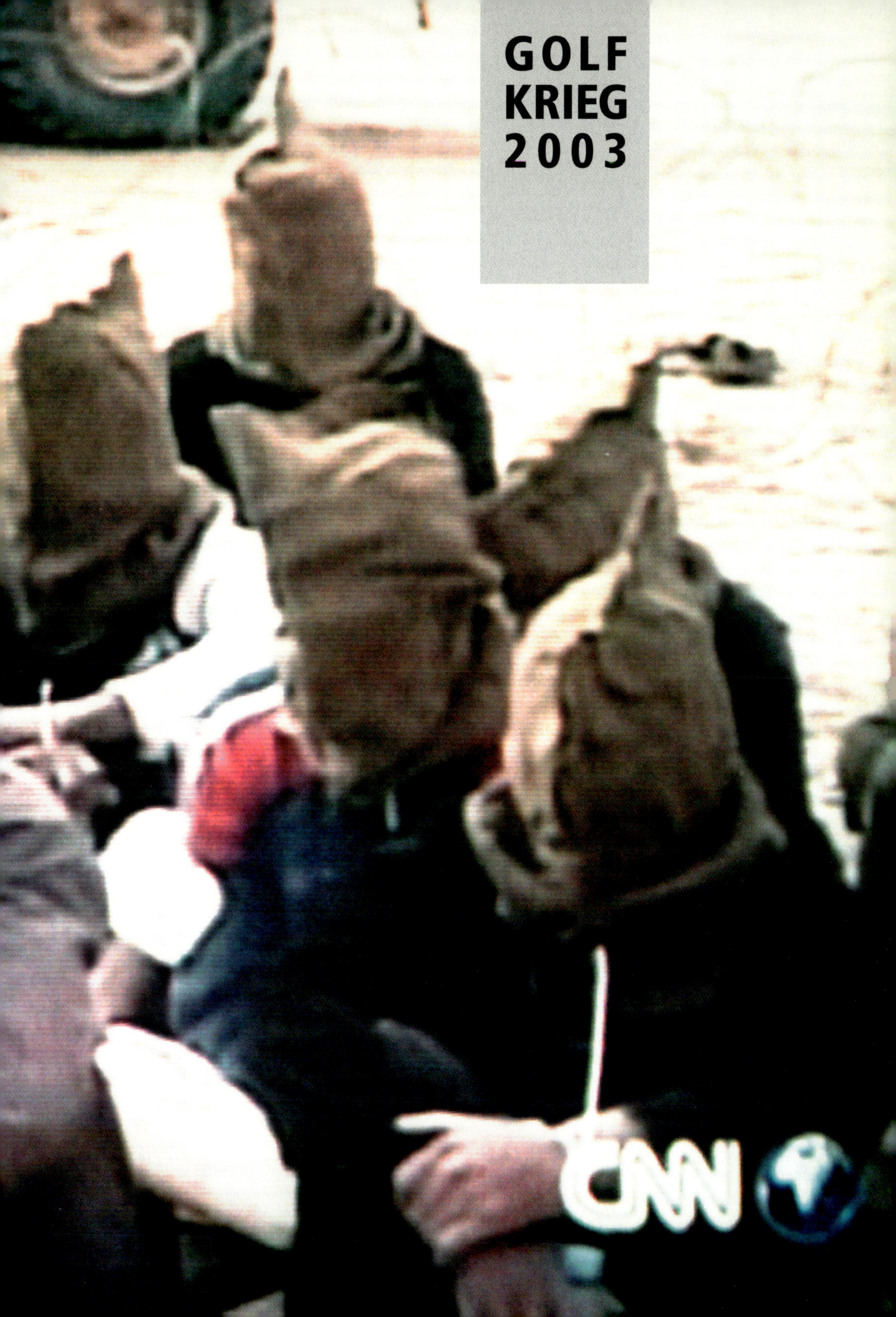

GOLF KRIEG 2003

wild, haben die Arme abwehrend erhoben, schreien aufgeregt durcheinander. Vor ihnen eine Hand voll amerikanischer Soldaten, unsicher, weiterzugehen. Hektische Schreie werden den Fremden entgegengeschleudert. Sprachprobleme. Passiver Widerstand. Langsam begreife ich die Szene: Muslimische Männer wollen die Ungläubigen daran hindern, zur Moschee weiterzugehen. Die Situation ist gespannt: Werden sich die Soldaten mit Gewalt ihren Weg bahnen? Entwarnung: Als Zeichen ihrer Friedfertigkeit legen die Soldaten ihre Sturmgewehre kurz auf den Boden, treten schließlich den Rückzug an.

Im Fernseher zoomt die Kamera jetzt über die Kuppel der Moschee zu den goldenen Minaretts, und ich erkenne, was diese irakischen Männer vor einer Entweihung durch die Ungläubigen schützen wollten: die Moschee »Mashad al-Imam Ali« in Nadschaf, letzte Ruhestätte von Imam Ali ibn Abi Talib, Neffe und Schwiegersohn des Propheten Mohammed, für einige Jahre auch Fluchtpunkt für Ayatolla Khomeini, bevor er ins Exil nach Paris ging. Die Moschee ist höchster Wallfahrtsort der Schiiten, die im Irak die Bevölkerungsmehrheit stellen. Wenige Tage vor Ende des letzten Golfkriegs war ich dort, und ich hatte das heilige, goldene Nadschaf damals so erlebt:

Der große Parkplatz hinter der Moschee ist verwaist, die Hotels der Pilger sind geschlossen, die Devotionalienhändler sitzen gelangweilt vor ihren Läden – der Tourismus ist nach der Besetzung Kuwaits längst zum Erliegen gekommen. Nur die Sargträger am nördlichen Eingang, die machen im Moment gute Geschäfte: mit Kriegstoten. Nach schiitischem Brauch soll jeder Verstorbene vor seiner Bestattung noch einmal zum mit prächtigen Keramikfliesen geschmückten Mausoleum Alis gebracht werden, damit er durch den Besuch dieser heiligen Stätte seinen inneren Frieden finde. Aus allen Teilen des Landes fahren Busse und Taxis mit Särgen auf dem Dachgepäckträger vor, eine makaber wirkende Karawane. Die Särge sind mit den irakischen Nationalfarben geschmückt. Diese Toten gelten als »Märtyrer« – weil sie ihr Leben im Krieg verloren haben.

Abdullah Hamdi, ein 18 Jahre alter Infanteriesoldat, ist bei Basra von einem Granatsplitter getötet worden. Bevor er in Diwaniyah in der Heimaterde beerdigt wird, ist seine Mutter, eine Witwe, mit seinem Sarg auf dem Dach eines Taxis nach Nadschaf gefahren. Eingehüllt in ihren schwarzen Umhang geht sie hinter den beiden Sargträgern her, murmelt Gebete. Im Vorhof lässt sie sich plötzlich auf den Boden fallen, schlägt den Kopf mehrmals

N IRAQ · OPERATION IRAQI FREEDOM · KRIEG IM IRAK · DONNERSTAG, 3. APRIL 2003, 15. KRIEGSTAG · WAR IN IRAQ · OPERATION IRA

auf die Steinplatten und schreit: »Warum nur, warum?« Nachdrängende »Märtyrer-Eltern« heben sie hoch, reden beruhigend auf sie ein. Doch in ihrem Schmerz ist sie nicht zu bremsen: »Wer hat das zu verantworten? Dieser von Gott verfluchte …« Ein Mann hält ihr den Mund zu. Der Name des Mannes aus Tikrit fällt zum Glück nicht. Die Männer vom »Muhabarat«, vom Geheimdienst, sind nicht weit, und sie werfen ein besonders aufmerksames Auge auf diesen Wallfahrtsort der Schiiten, die längst noch nicht ihren Frieden mit der sunnitisch dominierten Zentralregierung in Bagdad gemacht haben.

Freitag, 4. April 2003, 16. Kriegstag

- Die Lage: US-Truppen sind bis in die Außenbezirke der irakischen Hauptstadt vorgestoßen und haben den Flughafen von Bagdad eingenommen, wobei 300 Irakis getötet worden sein sollen. Die Stadt soll von drei Seiten umzingelt sein. Aus dem Pentagon verlautet, ein Kampf Haus um Haus solle vermieden werden; vielleicht erkläre man den Krieg für siegreich beendet, ohne Bagdad eingenommen zu haben. Der irakische Informationsminister droht mit einer »nicht konventionellen« Gegenoffensive.

Auf allen Kanälen haben sie jetzt Konjunktur: die pensionierten Militärs. Bei CNN heißen sie General (Ret.) Mike McDuffie, General (Ret.) Gent Wesley Clark oder Former Marines Major Kelly McCann, der sich immer ganz lässig gibt mit gechoppten Sakkoärmeln und schwarzem Poloshirt. Da sind dann hinter oder vor den Militärexperten große Computerkarten eingeblendet, in die sie Kreise, Pfeile und Quadrate malen. Mutig gehen sie mit Superlativen um: die präzisesten Waffen, der schnellste Vorstoß, die beste Armee der Welt.

Bei unseren Öffentlich-Rechtlichen heißen die Experten-Ruheständler: General a.D. Wolfgang Altenburg, Brigadegeneral a.D. Helmut Harff oder General a.D. Klaus Reinhardt. Einem davon sitze ich in einer Talkrunde gegenüber. Den dürfe ich nicht einfach so mit »Herr« anreden, sondern mit »Herr General«. Das müsse schon sein, hat mich ein Nachbar belehrt, der es in der Bundeswehr zum Leutnant gebracht hat, bevor er in der Mineralölindustrie Karriere machte. General, das sei nämlich keine Berufsbezeichnung, sondern ein Titel, der seinem Träger auch nach seiner Pensionierung zustehe. So wie Kardinal. Klar, denke ich für einen Moment, so einen würde ich doch auch nicht mit »Herr Ratzinger« anreden, wenn der denn pensioniert würde. Mein Lieblings-Militärexperte ist Konrad Freytag von n-tv, ein verklemmt wirkender, schmäch-

DOM · KRIEG IM IRAK · FREITAG, 4. APRIL 2003, 16. KRIEGSTAG · WAR IN IRAQ · OPERATION IRAQI FREEDOM · KRIEG IM IRAK · FREIT

tiger Mann, der immer diese Horst-Tappert-Brillen und waffenscheinpflichtige Fliegen trägt. Er sagt so Sätze wie: »Über US-General Tommy Franks wird ja immer gesagt, er kennt die Hälfte seiner 250 000 Soldaten – ich glaube ihm das aufs Wort.« Heute früh, Punkt 6.48 Uhr, hat er meinen Lieblingssatz der Woche gesagt: »Die Handgranate ist ja die Waffe, mit der man um die Ecke schießt.«

Heute früh, um 6.18 Uhr, hatte ich aus dem Washingtoner n-tv-Büro in einem Interview auch mal eine kriegskritische amerikanische Stimme gehört. Da sagte Ed Peck, der ehemalige US-Botschafter in Bagdad: »Ich halte den Krieg für einen Fehler, dessen Folgen in die Zukunft reichen werden. Es wird mehr Anschläge, mehr Terrorismus geben. Demokratie kann man niemandem mit einem Krieg aufzwingen.« Jetzt, um viertel nach sieben, ist auf CNN Walter Rodgers live zugeschaltet von den Kämpfen um den Flughafen Bagdad. Dauereinstellung auf einen brennenden irakischen Panzer. Rodgers, ein altes CNN-Schlachtross, jetzt embedded bei der 3. Schwadron der 7. US-Kavallerie, auf die Frage von Moderator Jim Clancy aus Kuwait-City, was an der Front los sei: »Und jetzt, Jim, hören Sie hinter mir die Schüsse aus dem 25-mm-Geschütz des Bradley-Tanks.« Seine Antwort kam prompt, wie aus der Pistole geschossen.

Kurz vor neun Anruf von Joke. Er sei jetzt zwar in Hamburg, könne aber nicht vorbeikommen. Müsse eilig nach München, erst in 14 Tagen sei er wieder in Hamburg. Da hätte ich mich ja nicht so zu beeilen brauchen mit seinem Geschenk.

Um halb elf zur Rothenbaumchaussee. Ein imposanter, breiter brauner Bau. Oben, im fünften Stock, umrahmt von zwei Putten, steht: »Curio-Haus. Erbaut 1911 von der Gesellschaft der Freunde des vaterländischen Schul- und Erziehungswesens«. Hier findet heute die »Picta« statt, »die Bildagentur-Messe«. Zwischen Kunstpalmen minimalistische Stände von Fotoagenturen und Software-Anbietern. Wichtige Menschen mit Namensschildchen an einem Bändel um den Hals; sie erinnern mich an Schlüsselkinder. Fotografen, Agenturmenschen, Webdesigner. Die Einladung verheißt: »Professionell: Die neueste Technologie für Bildmanagement. Informativ: Das Wissen auf dem neuesten Stand im Vortrag«.

Gerade spricht Wolfgang Behnken, ein Art-Director. Er will »über den Tellerrand des Alltagsgeschäfts hinausblicken und über die Macht der Bilder reden«, aus aktuellem Anlass über die Macht der Kriegs-

N IRAQ · OPERATION IRAQI FREEDOM · KRIEG IM IRAK · FREITAG, 4. APRIL 2003, 16. KRIEGSTAG · WAR IN IRAQ · OPERATION IRAQI FR

bilder. Doch die Bilder, die sieht man nicht. Die digitale Projektion der Bilddaten aus der in den Laptop eingelegten CD-ROM verweigert sich, die Leinwand bleibt weiß. Die Macht der Technik hat wieder mal über die Macht der Bilder gesiegt.

Kriegsfotografie. Im Café des Curio-Hauses sitze ich anschließend mit dem Fotografen René zusammen. Trotz seiner jungen Jahre hat er schon eine ganze Reihe von Kriegsschauplätzen hinter sich. Er redet darüber, dass die Redaktionen nur das drucken, was ihnen auch politisch in den Kram passt. »Wenn du das nicht bringst, bist du bei denen ganz schnell unten durch.« Auch im Kollegenkreis hat sich René unbeliebt gemacht, weil er aus der Reihe tanzte:

Er ist als Kriegsreporter im Kosovo unterwegs. Er liegt mit einigen Fotografenkollegen im Anschlag auf einem Hügel mit Blick in ein enges Tal, wo sich gegnerische Freischärler erbittert beschießen. Plötzlich sieht er, wie ein junger Bursche in einen Hinterhalt geraten ist – einer steht über ihm im Schutz eines Busches und legt auf ihn an. »Achtung!«, schreit René, der Junge wirft sich zur Seite, und der Schuss verfehlt ihn. – Seitdem sieht sich René in der Gilde der Kriegsfotografen geschnitten. Er meint, sie hätten viel lieber den Tod im Felde fotografiert, am besten in der postertauglichen Robert-Capa-Pose aus dem Spanischen Bürgerkrieg – zurückgeworfene Arme, die Füße leicht vom Boden abgehoben, das Gewehr in der Luft fliegend. Ein klasse Schuss.

Beim Hinausgehen wird mir im Curio-Haus eine Einladung zum »8. Deutschen Trendtag« in die Hand gedrückt. Darin erfahre ich Tröstliches: »Trendbüro-Gründer Prof. Peter Wippermann nimmt sich der Sehnsüchte der Menschen an. Er zeigt, wie ein selbst bestimmter Umgang mit Zeit im Privaten immer stärker um sich greift und eine neue Form der digitalen Selbstversorgung entsteht. Sein Beitrag verdeutlicht, warum Eigenzeit der Konsumenten der Quellcode für den Aufschwung sein kann.«

Um halb elf knallt es wieder draußen – cool bleiben. Ein Feuerwerk, klar, sage ich mir, und ich schalte diszipliniert weiter. Um viertel vor elf zum »Börsenticker« von n-tv. Aus der Frankfurter Börse ein dicklicher Hermann Kutzer vom »Handelsblatt«, der beim Interview unentwegt mit einer kleinen US-Flagge herumwedelt. Später berichtet ein Jens Korte von der New Yorker Stock Exchange: »Der weitere Verlauf des Krieges wird darüber entscheiden, ob wir auch nächste Woche an den Aufwärtstrend dieser Woche anknüpfen können.«

• KRIEG IM IRAK • FREITAG, 4. APRIL 2003, 16. KRIEGSTAG • WAR IN IRAQ • OPERATION IRAQI FREEDOM • KRIEG IM IRAK • FREITGAG,

Um elf bei Neun-live, Gameshow »Alles auf Rot«: Gerade winkt eine blonde Moderatorin mit Geldscheinen, die Zuschauer sollen sofort anrufen, wenn sie die Lösung zu wissen glauben (»pro Anruf: 0,49 Euro«). Die stellen immer Rätselfragen wie: »Was besingen Klaus & Klaus? a) die Nordseeküste b) die Ostseeküste.« Heute steht auf dem Studioscreen: »NON-BILDEN TZUGORVEB« – was heißt das, richtig angeordnet? Dazu kann man noch Blondinen-Witze per Fax hinschicken. Für den besten gibt es 200 Euro, und der prämierte geht so: »Was haben eine Blondine und eine Mücke gemeinsam? Beide hören auf zu saugen, wenn man ihnen auf den Kopf haut.« Entsprechend lautet das Lösungswort, das 500 Euro wert ist: »Blondinen bevorzugt«.

Rüber zu Pro 7, Spielfilm mit einem langweiligen Agenten, weiter. Kabel zeigt »Shocker« – ein Serienkiller kehrt via TV-Kabel aus dem Reich der Toten zurück. Auf Vox läuft der Action-Thriller »Codename: Elite«: Einen Terroranschlag auf ein Passagierflugzeug, in dem Familien der US-Führungselite sitzen, überleben nur fünf Kinder – diese Vollwaisen werden zu Elite-Kämpfern ausgebildet, die 13 Jahre später für die USA rund um den Globus im Anti-Terror-Einsatz sind und Bösewichter abmurksen.

Später wieder bei Neun-live gelandet. Die zeigen nach Mitternacht, ebenso wie der Hamburger Regionalsender Hamburg 1, RTL II, SAT.1 und DSF, jede Menge nackte Weiber mit eingeblendeten 0190-Nummern: 826262 – Es steigt bei dir hoch? Schick ne SMS. 838485 – Ich will poppen statt büffeln. Komm, ruf an und verlang Studentin. 818818 – Straßenstrich am Telefon, steig ein, und wir geben gleich Vollgas. – Während ich das aufschreibe, denke ich: Jetzt müsste ich eigentlich sagen: Lecken, blasen, ficken am Telefon – Kulturverfall, Wertverlust. Es gibt Dinge, die obszöner sind.

Samstag, 5. April 2003, 17. Kriegstag

- Die Lage: Die US-Truppen haben den Flughafen von Bagdad fest in ihrer Hand. Am Morgen dringen drei Dutzend US-Panzer vorübergehend in Teile der Stadt vor. Dabei kommt es zu heftigen Gefechten mit Einheiten der Republikanischen Garde. Nach US-Angaben werden dabei 2000 bis 3000 irakische Soldaten getötet; ein Beobachter berichtet, die Straßen seien mit Leichen übersät. Die Bombenangriffe auf Bagdad dauern an. Die irakische Führung gibt die Zahl der Zivilpersonen, die bisher im Krieg umgekommen sind, mit 1250 an.

Wind eisig, aber die Sonne scheint. Alles drängt ins Freie, besonders der ab-

N IRAQ · OPERATION IRAQI FREEDOM · KRIEG IM IRAK · SAMSTAG, 5. APRIL 2003, 17. KRIEGSTAG · WAR IN IRAQ · OPERATION IRAQI F

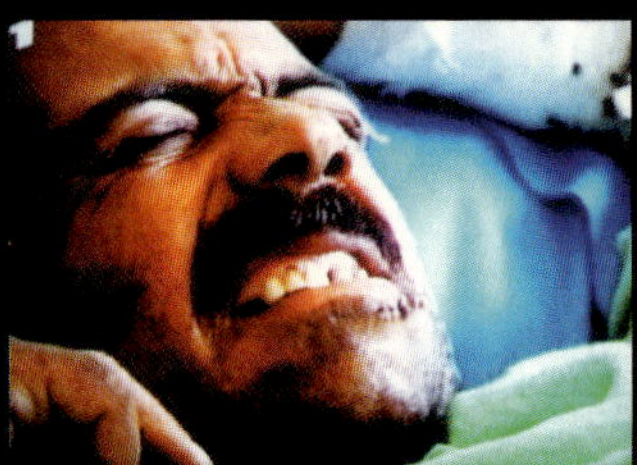

gehärtete Nordmensch. Hinterm Dammtorbahnhof haben sie Tische und Stühle rausgestellt. Alles hat seine Ordnung, ist farblich exakt unterscheidbar: Die Freiluft-Möbel vom Eiscafé sind allesamt in Blau gehalten, bei »Mr. Clou – saftig, knackig, kernig« sind sie einheitlich gelb, bei der »bierbar« ist alles blau, was draußen steht. Nur die Ausländer, die halten sich nicht an die Farbordnung: Beim »Pamukkale Döner Kebab« geht's kreuz und quer durcheinander: Farblich undefinierbare Stühle, farblich undefinierbare Tische. Rote Stühle, blaue Tische. Blaue Stühle, rote Tische. Trotz dieses Farbchaos scheinen sie ganz gut hinzukommen. Fröhlich sitzen da Menschen, essen und trinken und rauchen Wasserpfeife. Diese Mohammedaner.

Nach dem Spaziergang wieder vorm Fernseher. Lernprozesse. Bisher kannte ich nur das »Businesswetter« von n-tv, jetzt kenne ich auch den »Battlefield Forecast«, die Wettervorhersage fürs Schlachtfeld. Da verrät mir CNN zum Beispiel in Piktogrammen, die über einen Irak in Merian-Perspektive gelegt sind, dass es morgen in Bagdad 18 Grad Celsius sein wird mit wechselhafter Bewölkung; für Montag brauche ich keine Wetterverschlechterung zu befürchten. Der gegenwärtige Krieg scheint besonders bei Infografikern für Vollbeschäftigung zu sorgen, überall stoße ich auf ihre Arbeiten. Die von n-tv sind Meister der Waffenkunde: Sie klären mich in Text und Bild auf, welches Kampfgerät mit welchen Waffen bestückt ist, ob mit »120-mm-Kanone und drei Maschinengewehren« oder mit »20-mm-Bordkanone und Raketen«. In farblich attraktiven Schaubildern sehe ich die jeweiligen Waffentypen und werde belehrt, dass der »M 1A Abrams Kampfpanzer« eine »verbesserte Version aus dem Golfkrieg« ist, der »AH-1W Cobra Kampfhubschrauber« aber noch mehr Tradition hat: Er ist eine »Weiterentwicklung einer Version aus dem Vietnamkrieg«.

Bei CNN erfahre ich per Infografik, dass die Fallschirmspringer von der 173rd Airborne Brigade als Emblem ein Schwert mit drei Blitzen haben und in Caserma Ederle in Italien stationiert sind. Neben dem Wappenschild der US-Navy, der Weltkugel mit Anker und obendrauf sitzendem US-Adler, lese ich, wie kampferfahren die Männer vom 2nd Marines 1st Batallion sind: »Participated in Desert Storm, Desert Shield«. Bei RTL kann ich mich in diesem Krieg wie in einem richtigen Computerspiel fühlen, wenn ich dort mit einer Rakete auf das digital animierte Bagdad zufliege. Detonationen am Boden und danach aufsteigende Rauchwölkchen

1 · KRIEG IM IRAK · SAMSTAG, 5. APRIL 2003, 17. KRIEGSTAG · WAR IN IRAQ · OPERATION IRAQI FREEDOM · KRIEG IM IRAK · SAMSTAG

im Stadtzentrum zeigen mir an, dass der Pilot richtig gelegen hat. Überall, auch von den Militärexperten, werden mir Landkarten mit gepunkteten oder gestrichelten Linien dargeboten, mit blauen oder roten Pfeilen für Angriffsrichtungen, Fähnchen mit den jeweiligen Nationalfarben für die Truppenpositionen, gezackten Linien für die Verteidigungsstellungen des Feindes. Und immer wieder Karten von Bagdad mit der inzwischen berühmten »roten Linie«. An dieser imaginären Front sollen sie stehen, die Republikanische Garde und die Fedajin Saddam. Manchmal habe ich beim Begucken der Infografiken mit dem roten Kreis den Eindruck, die rote Linie sei eine Schlinge, die die Stadt erwürgt. Aber das ist ja wohl auch beabsichtigt.

Um sechs bei »ran« reingeguckt, 27. Spieltag der Bundesliga. Die Bayern, klar, bleiben an der Tabellenspitze. Mit 1 : 4 unterliegt Hertha BSC den Leverkusenern – deren höchster Saisonsieg, und das gleich unter dem neuen Sportdirektor Jürgen Kohler. Beim BVB ist heute im Spiel gegen Werder die Heimserie von 24 Spielen ohne Niederlage zu Ende gegangen. Doppel-Eigentor von Bielefeld in Hamburg, Nullnummer bei der Begegnung Nürnberg – Schalke 04. Und bei CNN stoßen die amerikanischen Truppen in Bagdad auf keinen nennenswerten Widerstand. Die US-Militärs haben diese Operation »end game«, genannt, Endspiel. Und wer gewinnt den Super-Bowl?

Sonntag, 6. April 2003, 18. Kriegstag

- Die Lage: Die US-Truppen haben einen Ring um Bagdad gezogen. Auf dem Flughafen Bagdad landet die erste amerikanische Militärmaschine, ein Frachtflugzeug. Die Bombenangriffe werden fortgesetzt. Das Internationale Komitee des Roten Kreuzes teilt in Genf mit, dass die Zahl der Kriegsopfer in Bagdad so hoch sei, dass es die Krankenhäuser in Bagdad aufgegeben hätten, die Verletzten zu zählen. Nach fast zweiwöchiger Belagerung stößt in Basra ein britischer Verband erstmals bis tief in die Stadt vor. Amerikanische Flugzeuge greifen im Nordirak irrtümlich einen Konvoi mit kurdischen und eigenen Soldaten sowie mit Journalisten an. 18 Menschen werden dabei getötet.

Durchgeschlafen, spät aufgestanden. Sonntagsfrühstück mit zwei Eiern im Glas. Draußen zwar immer noch windig, die Sonne scheint aber weiter freundlich. Heute bleibt die Glotze kalt, denke ich, ich kann diese Bilder nicht mehr sehen. Hoffe, dass ich das hinkriege mit dem fernsehfreien Tag. Heute machen auch wir mal einen Gang zur Alster, so gegen zwölf. Da sind noch nicht so viele Leute unterwegs, die man nicht sehen will.

N IRAQ · OPERATION IRAQI FREEDOM · KRIEG IM IRAK · SONNTAG, 6. APRIL 2003, 18. KRIEGSTAG · WAR IN IRAQ · OPERATION IRAQI F

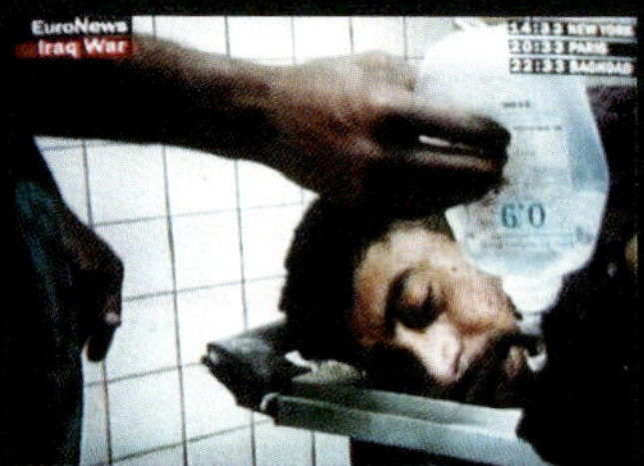

Beim Nachhausekommen liegt vor unserer Haustür das Blatt »Euro am Sonntag« (mit diesen kostenlos verteilten Exemplaren manipulieren die Verlage ihre »verbreitete Auflage« nach oben). Auf dem Titel sehe ich unter dem Foto eines schießenden US-Soldaten das Thema: »Der Krieg und die Angst der Anleger«. Ich hebe das Blatt auf, nehme es mit in die Wohnung, lese: einerseits, andererseits. Am Ende des Artikels die Quintessenz: »Anleger sollten auch nach Kriegsende vorsichtig bleiben. Wegen der unsicheren Konjunkturlage rät Volker Dosch von der Fondsgesellschaft DWS, eine Ralley zu nutzen, um bei risikoanfälligen Titeln Gewinne zu realisieren und auf defensive Papiere zu setzen.« Da muss ich ja morgen gleich zu meiner Beraterbank.

Abends kein Fernsehen, Nachrichtenabstinenz durchgehalten. Am Computer gesessen, geschrieben. Noch fahrig in einem Buch gelesen, schon um elf ins Bett.

Nach vier Stunden doch wieder hoch. Um 3.13 Uhr auf BBC World. Dort sehe ich den weißhaarigen TV-Reporter John Simpson, einen in vielen Kriegen gestählten Haudegen, in einem Konvoi aus amerikanischen Soldaten und Peschmerga-Kämpfern im Nordirak kurz vor der Front. Ein US-Jet hat sie bombardiert, »friendly fire«. Simpson atemlos: »So krank das klingt: Ich habe die Bombe gesehen, wie sie sich von dem Jet löste und wie sie dann auf den Boden runterkam. Sie war weiß mit einem roten Ring drumherum.« Offenbar nur wenige Meter neben dem BBC-Reporter ist sie eingeschlagen. Er hat Blut im Gesicht, ein Hosenbein hängt in Fetzen.

Mir stockt der Atem: Oben links auf der Linse der hektisch sich bewegenden Kamera, die Simpson beobachtet, ein runder Blutfleck, ganz frisch. Und jetzt löst sich ein Tropfen, läuft gemächlich, der Schwerkraft folgend, nach unten. Eine Hand kommt ins Bild, wischt über das Glas, verschmiert den störenden Fleck. Es bleibt ein rötlicher Schleier, der das Bild unscharf macht. Die Kamera legt sich schräg, ich sehe grünes Gras, der Kameramann scheint hingefallen zu sein. Dunkelheit. Der Kameramann ist verletzt, der kurdische Übersetzer des BBC-Teams ist tot. Der Tod kommt direkt in mein Wohnzimmer. Ich lege mich schnell wieder hin.

Montag. 7. April 2003, 19. Kriegstag

- Die Lage: Knapp drei Wochen nach Beginn des Krieges sind amerikanische und britische Truppen in die Zentren der beiden größten irakischen Städte, Bagdad und Basra, vorgestoßen. In Bagdad demonstrieren US-Streitkräfte ihre Stärke und

· KRIEG IM IRAK · MONTAG, 7. APRIL 2003, 19. KRIEGSTAG · WAR IN IRAQ · OPERATION IRAQI FREEDOM · KRIEG IM IRAK · MONTAG,

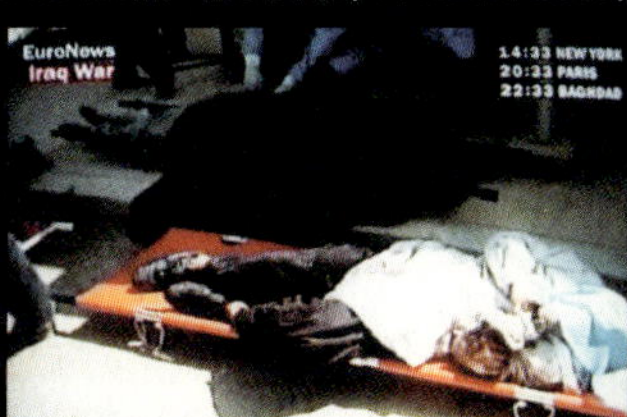

BBC WORLD
iraq
WAR

BBC WORLD
iraq
WAR

BBC
iraq
WAR

GOLF KRIEG 2003

Blut auf dem Objektiv: Eine Gruppe von US-Soldaten, Peschmergas und Journalisten ist im Nordirak von einem amerikanischen Jet bombardiert worden – »friendly fire«. Auf der Linse des BBC-Kameramannes ein Blutstropfen, der langsam nach unten läuft. Jemand wischt das Objektiv ab, BBC-Reporter John Simpson ist im Bild, brennende Journalisten-Autos, US-Soldaten auf ihrem Mannschaftswagen. 18 Menschen werden getötet, darunter der kurdische BBC-Mitarbeiter Kamaran Abdurazaq Muhamed.

besetzen im Regierungsviertel den Hauptpalast von Präsident Saddam Hussein. Das US-Militär betont, dass es sich nicht um die eigentliche Schlacht um Bagdad handelt. Ziel sei die »Zerstörung von Symbolen des Machtsystems«. Da die Amerikaner den Flughafen von Bagdad kontrollieren, können sie jetzt rund um die Uhr ihre Truppen mit Nachschub versorgen. General Ali Hassan el Maschid, ein Vetter Saddams, wird nach britischen Angaben bei einem Bombenangriff getötet. Die Alliierten nannten ihn »Chemie-Ali«, weil er 1988 den Befehl zum Giftgas-Angriff auf die kurdische Stadt Halabscha gegeben haben soll, bei dem 5000 Menschen starben.

Lange nichts von meinem Freund Thomas gehört, denke ich beim Aufwachen. Er ist ja als Fotograf im Nordirak, mit den Kurden und Amerikanern an der Front. Hoffentlich riskiert er nicht zu viel, denke ich. In Afghanistan war Thomas auch dabei. Hatte einen toten »Stern«-Kollegen, mit dem er unterwegs war, identifizieren müssen, der von einem Panzer heruntergeschossen worden war. War mit dessen Leiche nach Deutschland zurückgeflogen. Ich versuche es den ganzen Vormittag über seine Handynummer. »Der gewünschte Gesprächspartner ist vorübergehend nicht zu erreichen«, heißt es immer wieder, »the person you have called is temporary not available.« Kein Lebenszeichen. Unsicherheit.

Zeitungslektüre. Frust bei Ferrari: Mit seinem Ausscheiden in São Paulo legt Michael Schumacher den schlechtesten Saisonstart seiner Karriere hin. Im Fernseher: Die Amerikaner scheinen Saddam auch diesmal nicht erwischt zu haben. Sein Hauptpalast am Tigrisufer: leer. Das Gebäude ist eine obszöne Zurschaustellung des Reichtums.

Alles ist überladen, mit Marmor und arabischen Blumenornamenten, ein bisschen Alhambra, ein bisschen Kyffhäuser, ein bisschen Neuschwanstein, oriental style. Und überall Gold, Gold, Gold. Die Wasserhähne täuschen 24 Karat vor, selbst die Klobrillen haben Goldränder. Ich sehe Sergeant Chad Touchett mit seinen Kameraden vom 7. Infanterieregiment bei einer Rauchpause in einem Kaminzimmer auf diesen barock geschwungenen Polstermöbeln, die repräsentationsbewusste Araber so sehr lieben.

Da ist er ja auch wieder, der irakische Informationsminister Mohammed Said el-Sahhaf, jetzt bei einem spontanen Interview auf BBC World. Er ist einer der ganz wenigen in Saddams Umgebung, die auch ohne Schnurrbart Karriere gemacht haben. Ansonsten sehen die doch alle aus wie geklonte Saddams. Sahhaf, der Bartlose im olivgrünen Kampfanzug, ist wieder auf Sendung, seit Kriegsbeginn Sprachrohr

N IRAQ · OPERATION IRAQI FREEDOM · KRIEG IM IRAK · MONTAG, 7. APRIL 2003, 19. KRIEGSTAG · WAR IN IRAQ · OPERATION IRAQI F

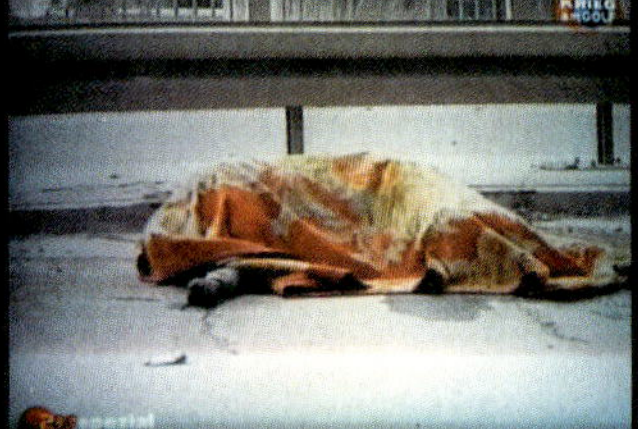

und Gesicht des Regimes. Für ihn sind die USA »eine Supermacht von Schurken, eine Supermacht von Al Capone«. Wie immer ist Sahhaf auch heute der Mann für die starken Sprüche. Der Flughafen ist schon seit Tagen besetzt, vor wenigen Stunden sind Soldaten der 3. US-Panzerdivison ohne große Probleme in die Paläste Saddams auf dem gegenüberliegenden Tigrisufer, ein paar hundert Meter entfernt, eingedrungen – all das zählt nicht für Saddams Propagandamann. Wie ein störrisches Kind, das sich die Augen zuhält, um nicht gesehen zu werden, sagt el-Sahhaf lächelnd:

»Alles Lüge. Die Amerikaner sind alle geisteskrank. Es gibt keinen einzigen von ihnen in der Stadt, wir haben sie alle getötet. Wir werden alle abschlachten, die Invasoren werden ihre Gräber im Irak finden.« Gefechtslärm dringt bis zu den Mikrofonen vor ihm und unterstreicht die Glaubwürdigkeit seiner Worte.

Abends Anruf von Achim. Er will einen Witz loswerden. Nein, bitte nicht. Dann erzählt er ihn doch, den ersten el-Sahhaf-Witz, den ich höre: Auf die Frage, warum 25 Engel nötig waren, um den toten Mohammed Said in den Himmel zu holen, antwortet Gott: »Fünf um ihn zu holen. Und zwanzig, um ihn zu überzeugen, dass er wirklich tot ist.«

Dienstag, 8. April 2003, 20. Kriegstag

- Die Lage: B-1-Bomber werfen vier bunkerbrechende 2000-Pfund-Bomben auf einen Gebäudekomplex im Bagdader Stadtteil Mansur ab – hier soll sich gerade Saddam aufhalten; mindestens neun Zivilisten werden getötet, ob Saddam dabei ist, bleibt unklar. US-Truppen haben den Al-Raschid-Flughafen eingenommen und halten in Bagdad das Regierungsviertel besetzt, von wo aus sie immer wieder auf die Tigrisbrücken vorstoßen. Bei gezieltem US-Beschuss sterben drei ausländische Journalisten in Bagdad. In Dublin treffen sich George W. Bush und Tony Blair; sie sagen, sie wollten die Vereinten Nationen beim Wiederaufbau des Irak einbinden. In Basra kommt es zu Plünderungen.

Die Wetterlage: Skandinavische Kaltluft bestimmt immer noch das Wetter in Deutschland. Dabei ist es heiter bis wolkig und meist trocken. Die Temperaturen erreichen am Nachmittag wieder nur vier bis sieben Grad, nachts gibt es Frost zwischen null und minus vier Grad. Der Wind weht schwach bis mäßig aus nördlichen Richtungen. – Auch bei diesem Wetter lassen es sich die Hamburger Cabrio-Besitzer nicht nehmen, offen zu fahren. Die nutzen halt jeden Tag, an dem es nicht regnet in Hamburg, und davon soll es nicht allzu viele geben. Gerade ist wieder einer offen an mir vorbeigefahren auf der Kennedybrücke

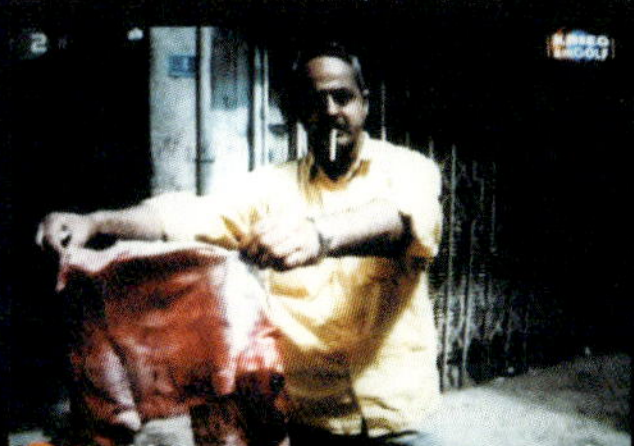

zwischen Binnen- und Außenalster. An der Ampel vorm »Atlantic« lässt er mich mit einem Kavaliersstart stehen.

Im Fernseher Bilder aus Basra im Südirak. Ich kenne die Millionen-Metropole als schöne, ruhige Stadt. Sie ist der irakische Seehafen am Shatt el-Arab mit Zugang zum Persischen Golf. Von hier aus brach der legendäre Seefahrer Sindbad zu seinen Fahrten auf. Fast alle waren schon hier: Griechen, Sumerer, Umayyaden, Osmanen; nach dem Ersten Weltkrieg kamen die Engländer, als Besatzungsmacht. 1948 wurden die in der Nähe gelegenen Erdölfelder von Zubair und Rumayla entdeckt. In der von einem Kanal umschlossenen Altstadt Basras findet man immer noch die typischen alten Händlerhäuser aus dem 19. Jahrhundert mit offenen Balkonen, großen Fenstern und hölzernen Sonnenblenden, die in dieser Konstruktion einen gewissen Schutz vor dem feuchtheißen Klima bieten. Auf der Sindbad-Insel sind zahlreiche schattige Gartenlokale. Basra hat eine recht idyllische arabische Corniche, eine Uferstraße zum Shatt el-Arab, wie Beirut zum Mittelmeer und Kairo zum Nil. Hier kann man Cruisen, Flanieren, Picknicken. Ein Dutzend Figuren erinnern dort an den ersten Golfkrieg Iran – Irak: Drohend zeigen sie übers Wasser in Richtung Teheran.

In BBC World sehe ich jetzt das Sheraton-Hotel, in dem ich oft gewesen bin. Die Fassade ist rauchgeschwärzt, Flammen züngeln. Plünderer tragen raus, was nicht niet- und nagelfest ist – aber auch das: Wasserhähne, Klimaanlagen, Sicherungskästen. Auch in der Stadt Feuer, Chaos, Selbstbedienung, Anarchie. Lastwagenladungen voller Diebesgut auf den Straßen. Dazwischen vereinzelte britische Soldaten, hilflos. Das Oberkommando, so höre ich, hält sich raus – zu wenig Leute. Auf BBC World sehe ich folgende Szene: Britische Soldaten richten ihren Stab im Haus des bisherigen Gouverneurs von Basra ein. Das villenartige Gebäude hat Maschrabija-Fensterläden, Gitter aus gedrechselten Holzstäben. Ein Soldat steht oben im ersten Stock an einem dieser Fenster, versucht die blaue Regimentsfahne des »Royal Irish Regiment« festzumachen. Schief! Er wird von Kameraden, die unten stehen, lauthals dirigiert, bis sie korrekt sitzt. Einer fotografiert die Fahne im Fenster – macht sich gut im dicken Buch der Regimentsgeschichte. Vorschlag für die Unterschrift des Fotos: Das glorreiche Regiment hat die Stadt Basra befreit.

12.18 Uhr. Ulrich Tilgner ist im ZDF live vom Journalisten-Hotel Palestine aus Bagdad zugeschaltet, wo seit Wochen die annähernd hundert Journalisten wohnen,

N IRAQ · OPERATION IRAQI FREEDOM · KRIEG IM IRAK · DIENSTAG, 8. APRIL 2003, 20. KRIEGSTAG · WAR IN IRAQ · OPERATION IRAQI

die noch aus Bagdad berichten. Plötzlich zuckt er zusammen, blickt kurz über die Schulter – Geräusche von Schüssen. Dann fährt er fort: »Ob Journalisten eingeschüchtert werden sollen – ich weiß es nicht.« Das Hotel sei von den Amerikanern unter Beschuss genommen worden. Begründung für den Angriff: Aus der Hotellobby sei auf die US-Soldaten auf dem gegenüberliegenden Ufer geschossen worden.

Tilgner steht im 18. Stock auf dem Dach des Palestine-Hotel am linken Tigrisufer, wo ich auch oft gewohnt habe. Es ist als zweithöchstes Gebäude von Bagdad nicht zu übersehen. Ein Repräsentationsbau mit merkwürdigem Betonzierrat an der Fassade, so als stamme es vom Reißbrett beflissener DDR-Planer auf der Suche nach architektonischem Weltniveau, wie sie es verstanden. Aus eigener Kenntnis weiß ich: Das Hotel öffnet sich nach Osten, dort liegt auch die Hotellobby, vom Tigris weg. Von dort können die Amerikaner im Westen also gar nicht beschossen worden sein. Und: Warum schießen sie dann in den 15. Stock, rein ins Büro der internationalen Agentur Reuters? Zwei tote Journalisten. Zwei, die nicht embedded waren bei den Alliierten.

Auf CNN sehe ich dann Aufnahmen, die mir den Atem nehmen: Ein amerikanischer M-1-Panzer, der auf der Chumuriya-Brücke über den Tigris steht, wird gefilmt, wie er sein Geschützrohr in Richtung des Betrachters dreht. Lichtblitz – ein Abschuss. Kurze Zeitverzögerung: Mörtelteile fliegen direkt vor der Kamera hoch – Volltreffer. Die Kamera fährt zuckend von der Horizontalen in die Seitenlage, dreht sich nach oben in den graublauen Himmel über Bagdad, aus. Diesmal hat es die Kollegen vom arabischen TV-Sender Al-Dschasira erwischt. Ich sehe, wie der Reporter Taisir Aluni den jordanischen Kameramann Tarek Ajub, der eben noch diese Aufnahmen gemacht hat, in eine Decke gehüllt mit anderen zum Auto schleppt. Er ist tot, als sie ihn ins Krankenhaus einliefern. Jetzt ist er ein »Märtyrer« – so nennt sein Sender auch stets die im Krieg getöteten Iraker. Die Al-Dschasira-Kollegen kennen solche Angriffe. Schon im Afghanistan-Krieg wurde das Büro der arabischen Kollegen von US-Flugzeugen bombardiert. Von »friendly fire« kann da schwerlich die Rede sein.

Verzweifelte Situation: 25 Kollegen des arabischen Senders Abu Dhabi TV sind seit Stunden in einem Gebäude eingeschlossen, das von US-Truppen beschossen wird. Sie telefonieren immer wieder nach draußen, bitten, dass das Feuer eingestellt wird, dass man sie rausholt aus

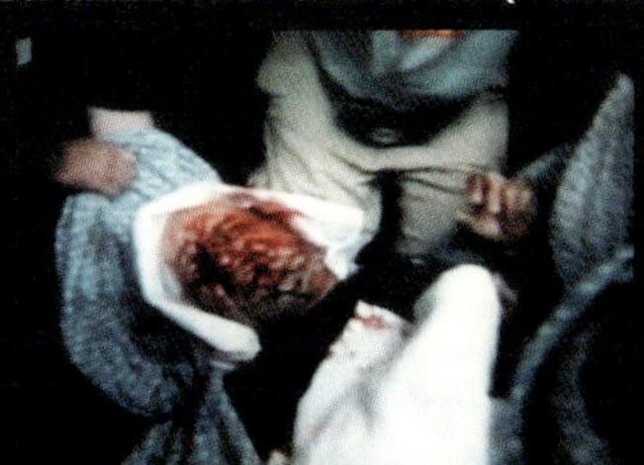

GOLF KRIEG 2003

CNN

WAR IN IRAQ
U.S. MARINES REPORTED ON
SOUTHEASTERN EDGE OF BA

GOLF KRIEG 2003

dem Feuer zwischen den Fronten. Noch sind sie alle unverletzt. Auf CNN sagt Generalmajor Vincent Brooks später in der US-Kommandozentrale Doha: »Wir beschießen keine Journalisten. Aber wir haben immer gesagt, Bagdad ist eine gefährliche Gegend, ist Kriegsgebiet.« Und General Blount, von dessen Panzer der 3. Infanteriedivision das Palestine beschossen wurde, gibt den Journalisten den guten Rat, doch künftig »als Zeichen ihrer Unabhängigkeit weiße Tücher in die Fenster zu hängen«.

Die nächste Hiobsbotschaft von der Journalisten-Front: Das Pentagon bestätigt den Tod zweier Reporter, die embedded waren bei der 2. Brigade der 3. US-Infanteriedivision. Gestern um 11.30 Uhr Ortszeit ist eine irakische Rakete in das Hauptquartier der Brigade wenige Kilometer südlich von Bagdad eingeschlagen. Zwei Journalisten und zwei US-Soldaten werden getötet, ein dritter GI erliegt später seinen Verletzungen. Die Journalisten: »Focus«-Reporter Christian Liebig, 35, und Julio Anguita Parado, 32, von der spanischen Tageszeitung »El Mundo«.

Um drei wachgelegen. Im Bademantel raus, Finger an die Fernbedienung. Fernsehrevue. Bei »Fliege« in der ARD sagt Bärbel Wattenberg-Potter, die Bischöfin von Schleswig-Holstein: »Viel zu wenig Leute haben viel zu wenig Vertrauen in gewaltfreie Methoden. Wir versuchen, eine intelligente Friedensliebe zu entwickeln.« Neun-live: Die sich räkelnden nackten Weiber, die 0190-Nummern, heute auch von einer Firma, die sich »Wix-TV« nennt. RTL II: Teleshopping, ein »Blitz-Messerschärfer für 19,95 Euro«. N-tv: George W. Bush in Dublin: »Wir haben alle zehn Finger um die Kehle Saddams gelegt, jetzt lockern wir den Griff Finger für Finger.« Im RTL-Shop wird für 89,95 Euro eine »Thalasso-Kur von Dr. Ada Fischer« angeboten, heute mit Jubiläumsgabe: »Ein Oberlippenroller, der macht volle, sinnliche Lippen.« Phoenix: Noam Chomsky sagt: »In den USA glauben 50 Prozent an die Existenz von Aliens. In Europa würden sie dafür für geisteskrank erklärt. Mit solchen Leuten kann man gut einen Krieg führen.« Shoppingkanal QVC: Heute ist ein Topas-Goldkettchen für 129,90 Euro im Angebot, lieferbar in den Farben »Sky Blue, Swiss Blue, London Blue«. BBC World: Der britische Verteidigungsminister Geoffrey Hoon über die Zustände in Basra: »Eine Sache, die wir haben müssen, ist Geduld.« CNN: Die 25 Kollegen von Abu Dhabi TV, die seit dem Nachmittag in einem beschossenen Gebäude in Bagdad eingeschlossen sind, konnten noch nicht befreit werden; sie

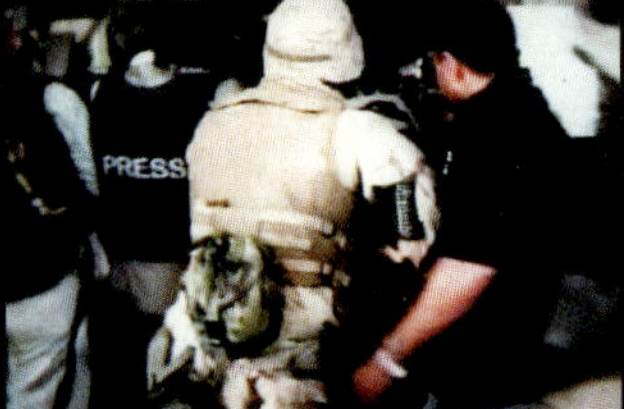

bitten weiter verzweifelt telefonisch darum, endlich rausgeholt zu werden. Kurz darauf Donald Rumsfeld zum »friendly fire«, dem inzwischen auch so viele Journalisten zum Opfer gefallen sind, dass man an Absichtslosigkeit nicht mehr glauben mag: »Soldaten sind Menschen, und solche Dinge wie diese passieren nun mal.« Hamburg 1: »Die schnelle Nummer, 25 ct./min, 0190-06 92 69«, »TV-Schlampen, 09005-802525, keine 0190-Rechnung!« CNN: Ein skeptischer David Halberstam sagt: »Ich fürchte, mit diesem Krieg erledigen wir die Rekrutierungsarbeit für Bin Laden.« Und: »In Vietnam, da haben wir ja auch jede Schlacht gewonnen, aber den Krieg verloren.« Im WDR sehe ich einen Mann aus Wuppertal, der sagt: »Es ist sehr schlimm, wenn man nachts wach liegt und nicht schlafen kann.« Jetzt hat er sein ganzes Schlafzimmer mit Alufolie ausgeschlagen, und seitdem schlummert er tief und fest. Vielleicht sollte ich es einmal damit versuchen.

Mittwoch, 9. April 2003, 21. Kriegstag

- Die Lage: Drei Wochen nach Kriegsbeginn hat das Regime von Präsident Saddam Hussein die Kontrolle über die irakische Hauptstadt Bagdad verloren. Hunderte Menschen stürmen und plündern Regierungsgebäude und jubeln den US-Truppen zu. Diese erreichen am Nachmittag das Zentrum am Ostufer des Tigris und bringen wichtige Teile der Stadt unter ihre Kontrolle. Das Regime sei »in Auflösung« und ein »großer Teil des Irak frei von Jahren der Unterdrückung«, sagt US-General Vincent Brooks. Heftige Kämpfe toben jedoch in der Umgebung der nordirakischen Städte Tikrit und Mosul.

Um halb zehn wie gerädert aus dem Bett. Um elf eine Verabredung mit einer Schulklasse in der Ausstellung im Gewerkschaftshaus. S-Bahn, Hauptbahnhof. Beim Hinausgehen aus dem Nordausgang, wieder mit Musikbegleitung, starrt mich eine dieser Video-Kameras von der Decke herunter ganz unverblümt an. Sie ist eines der etwa 1500 Überwachungsaugen in Hamburg. Dazu kommen noch 20000 Geräte vor Geldautomaten und an Tankstellen, aber auch vor Firmeneingängen. Ganze Straßenzüge sind so unter Kontrolle. Innensenator Ronald Schill will noch mehr montieren lassen, »nicht nur, wo Verbrechen geschehen sind, sondern wo sie geschehen können«. Hinterm Parkplatz noch so ein Ding. Ich fühle mich beobachtet, merke, dass ich auszuweichen versuche, dass ich wegducke. Dieses merkwürdige Gefühl hatte ich auch immer in Bagdad, an jeder Straßenecke Saddam Hussein, der alles observiert. Da ist er zu sehen als babylonischer Staatenlenker,

Bagdad, Golfkrieg 1991: Kromschröder, zerbombte Fabrik, Saddam-Bild. »Und immer habe ich den Eindruck, er guckt nur mich an und fragt: Machst du auch alles richtig, ich habe dich voll im Blick, mir kannst du nichts vormachen.«

Kurde mit einem Dolch in der Bauchbinde, stahlhelmbewehrter Kriegsherr. Er ist allgegenwärtig. Und immer habe ich den Eindruck, er guckt nur mich an und fragt: Machst du auch alles richtig, ich habe dich voll im Blick, mir kannst du nichts vormachen. Aber mit der Zeit wirkten die Abbildungen von Big Brother Saddam auf mich nur noch wie die lächerlichen Überbleibsel der Kulisse eines längst abgedrehten Films.

Nach zwei Stunden zurück, sehe ich auf CNN, dass die Panzer der Amerikaner den Tigris zu den östlichen Stadtteilen überquert haben, auch die Märtyrerbrücke haben sie genommen.

Dort, gleich an der Bushaltestelle, lebt die Familie des 38-jährigen Textilingenieurs Khalil Abdullah in einem dreigeschossigen Wohnhaus. Ich besuchte sie damals: Die Angst beherrschte ihr Leben. Khalils Frau Fatmeh: »Seit eine Bombe

N IRAQ · OPERATION IRAQI FREEDOM · KRIEG IM IRAK · MITTWOCH, 9. APRIL 2003, 21. KRIEGSTAG · WAR IN IRAQ · OPERATION IRAQI

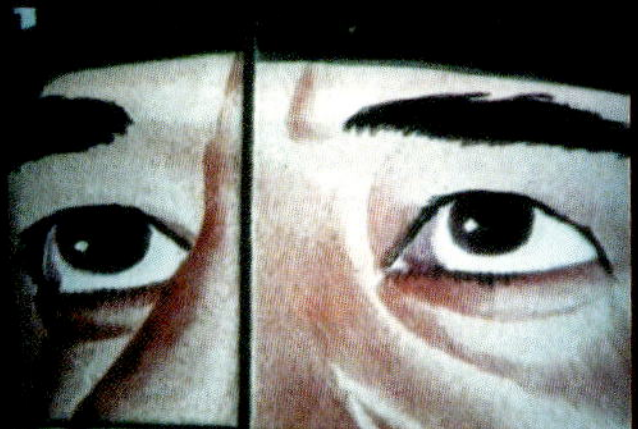

Bagdad, Golfkrieg 1991: Kromschröder, zerstörte Tigris-Brücke. »Seit eine Bombe auf der Brücke eingeschlagen ist, liegen die Kinder in den Betten und wimmern. Schon wenn ein Nachbar klopft, fangen sie an, laut zu schreien.«

auf der Brücke eingeschlagen ist, liegen die Kinder in den Betten und wimmern. Schon wenn ein Nachbar an die Tür klopft, fangen sie an, laut zu schreien.« Seit dieser Nacht sei ihr Jüngster, der Abdul, nicht mehr dazu zu bewegen, zum Spielen vor die Tür zu gehen. »Der kapselt sich jetzt völlig ab und geht mir nicht mehr vom Rockzipfel.« Abdul hatte erfahren, dass sein acht Jahre alter Schulkamerad bei einem Angriff im Stadtteil Nidal von herabstürzenden Mauerteilen erschlagen worden war.

Vater Khalil Abdullah, Mitglied in Saddams Baath-Partei, hörte seiner Frau lange schweigend zu. Dann gab er sich einen Ruck: »Wir müssen alle Opfer bringen. Lieber ein toter Löwe als ein lebendiger Hund!« Fatmeh starrte ihn mit offenem Mund an, als wollte sie sagen: Liebster, für die starken Sprüche ist im Krieg eigentlich nur noch das Propagandaministerium

zuständig. Ob sie wohl immer noch dort an der Brücke wohnen, denke ich, auf die rollenden US-Panzer starrend. Diesmal stehen die Amerikaner, anders als 1991, direkt vor ihrer Haustür.

Ab viertel nach drei Schneeregen. Die ersten Bilder vom weiteren Vorrücken der US-Panzereinheiten über den Tigris in den östlichen Teil von Bagdad. Dann Live-Schaltung auf den Paradies-Platz vor dem Palestine-Hotel, Unterkunft der Journalisten. So werden sie, wie von einer geschickten Regie geführt, alle Zeuge dessen werden, was sich dort anbahnt. Sie werden es alle fotografieren, filmen und beschreiben können, um es der Welt mitzuteilen. Endlich also um 16.54 Uhr live das symbolkräftige Bild, das den Sieg der Alliierten dokumentiert und die Zeitenwende in Bagdad schlagend illustriert: Saddam wird vom Sockel gestürzt! Aber wie's dazu kam, das war schon kurios anzusehen in der Live-Übertragung. Erzählen wir's mal als Märchen aus Tausendundeiner Nacht. Und das geht so:

Es war einmal ein mächtiger Herrscher, der über das gesegnet reiche Land der Zwei Ströme an Euphrat und Tigris herrschte wie ein Tyrann. Überall ließ er seine monumentalen Ebenbilder aufrichten, damit seine Untertanen ihn jederzeit und allerorten verherrlichen und anbeten sollten. Als ein noch mächtigerer Landesherr aus einer weit abgelegenen, fernen Weltgegend mit seiner waffenstarrenden Streitmacht zu Lande, zu Wasser und aus der Luft in sein Land einfiel, erreichten dessen mit Eisen beschlagenen Kampfwagen auch bald die goldene Hauptstadt Bagdad. Auf dem Platz, der nach Allahs himmlischem Paradies benannt war, versuchten die bisher geknechteten Untertanen gerade, eine der Statuen des Tyrannen niederzureißen. Doch es gelang ihnen nicht. Ihre Leitern waren viel zu kurz, ihr Seil war viel zu dünn. Da erbarmte sich der Kommandant eines der in die Stadt eingerückten fremden Kriegswagen der ungeschickten Leute. Er ließ aus seinem eisernen Gefährt einen Kran ausfahren und befahl zweien seiner Soldaten hinaufzuklettern, um das Gesicht des Tyrannen mit dem Wappentuch seines obersten Feldherrn zu bedecken, das über und über mit Streifen und Sternen verziert war. Das sahen die einfachen Menschen vom Tigris, die inzwischen zu Hunderten auf dem Platz des Paradieses zusammengeströmt waren, gar nicht gerne, und so protestierten sie lauthals. Daraufhin hatte der fremde Kommandant ein Einsehen, und er befahl, sein Tuch herunter nehmen und durch das dreifarbige Stoffzeichen der zwischen Euphrat

N IRAQ · OPERATION IRAQI FREEDOM · KRIEG IM IRAK · MITTWOCH, 9. APRIL 2003, 21. KRIEGSTAG · WAR IN IRAQ · OPERATION IRAQI

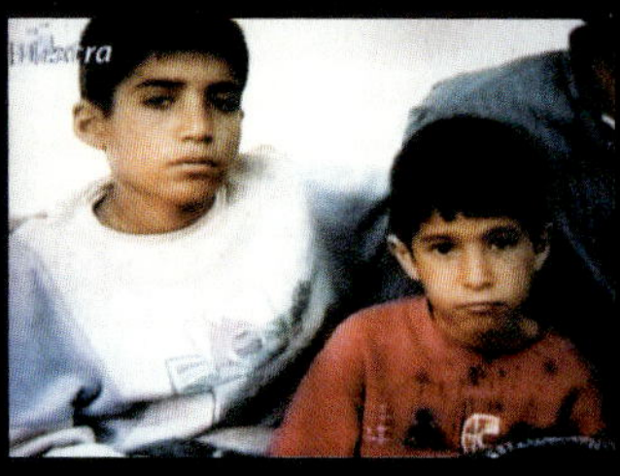

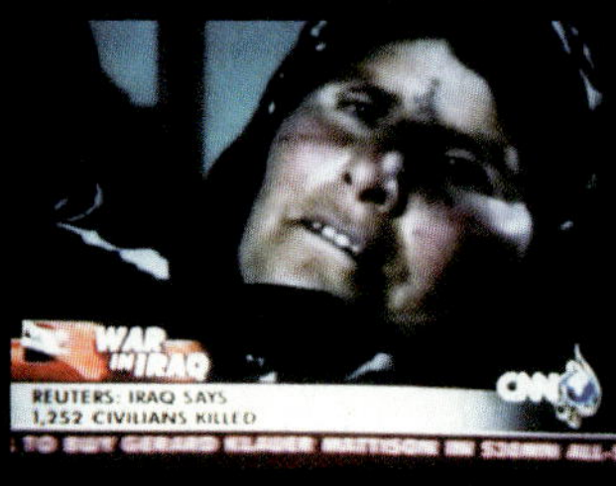

und Tigris siedelnden Völkerschaften zu ersetzen. Dann ließ er dem Tyrannen eine Kette aus hart geschmiedeten Eisengliedern um den Hals legen, und sein mit der Kraft vieler Tausend Pferde ausgestatteter Kriegswagen zog ihn mit so ungestümer Kraft von seinem steinernen Sockel, dass er an den Beinen auseinander brach und krachend herniederfiel. Und alle, sowohl die siegreichen fremden Soldaten als auch die Bewohner des glorreichen Bagdad, klatschten daraufhin freudig in die Hände, denn sie sahen, dass es gut war, den Tyrannen im Staub liegen zu sehen.

Die Szene vom gestürzten Saddam wird sicher in die Ikonographie dieses Krieges eingehen, sie ist geschichtsbuchträchtig. Über der Bronzestatue erst das Sternenbanner und schließlich die alte irakische Flagge (ohne den frommen Schriftzug »Allah-u Akbar«, Gott ist groß, den Saddam nach dem letzten Golfkrieg hinzufügen ließ). Die US-Zeitungen werden morgen sicher nur das Bild mit den stars and stripes drucken – ein großer amerikanischer Sieg an der Medienfront.

Und wie ich auf CNN sehe, satteln sie noch einen drauf: Endlich gibt es heute auch Einzelbilder, auf denen Iraker zu sehen sind, die sich über US-Soldaten freuen: Ein Mädchen überreicht einem Soldaten eine Blume, ein Iraki küsst einem GI devot die Hand. Und dann sind sie endlich da, die lange vermissten Bilder von den irakischen Menschenmassen, die ihren Befreiern palmwedelnd zujubeln. Diese Aufnahmen gefallen CNN so gut, dass sie sie hintereinanderschneiden und die sich wiederholenden Szenen fortlaufend abspielen. Aber vor wem hüpfen diese Männer eigentlich so aufgeregt herum – vor den US-Soldaten oder vor den Kameraleuten? Ich werde live zurückgeschaltet zum Ort des gestürzten Saddam. Auf den Aufnahmen vom Paradiesplatz, die mit dem Teleobjektiv von einem der oberen Stockwerke des Palestine-Hotel aus gemacht sind, sehe ich jetzt abgespannte US-Soldaten isoliert in Grüppchen neben ihren Panzern sitzen. In gebührendem Abstand einige Passanten, irakische Familien, überaus zurückhaltend. Getrennte Welten.

Schnitt. Auf CNN sehe ich jetzt wieder Jubel-Iraker. Der Kommentator sagt, sie freuten sich über die Ankunft ihrer Befreier. Bleiben wir spitzfindig: Sie winken nicht den Soldaten zu, sondern den Leuten mit den Kameras. So ein Gerät kann schon dazu beitragen, Realität zu verfälschen. Kaum hebst du in Kairo einen Fotoapparat hoch, schon springen dir drei junge Ägypter ins Bild und fordern dich auf, sie doch in ihren eitlen, halbstarken Posen

CNN

GOLF KRIEG 2003

Fallstudie: Die Statue Saddam Husseins auf dem Paradies-Platz in Bagdad fällt am 21. Tag des Krieges – zuerst mit der Flagge der Eroberer umhüllt, dann mit der des Irak. CNN textet: »Einige Bewohner von Bagdad feiern auf den Straßen.« Aber wem winken diese so aufgedreht zu – den Befreiern oder den Kameraleuten?

abzulichten. Und ganz schnell bist du von einer ganzen Horde dieser selbstgefälligen Jungmänner umringt. Eine Kamera wirkt, gerade in dieser Weltgegend, wie ein Magnet. Die Leute wollen sich produzieren, wollen sich und dir gefallen. Deshalb ist es ratsam, die Kamera nie auffällig vorm Bauch vor sich herzutragen, eher nach dem System der versteckten Kamera zu arbeiten, als stiller Beobachter. Das hilft nicht immer. Besonders nervig sind die palästinensischen Kinder, die dir jedes Motiv vermiesen, indem sie sich stets mindestens im Zwölferpack ins Bild drängeln und die rechte Hand mit den beiden zum »Victory«-Zeichen auseinander gespreizten Fingern in deine Linse recken.

Mein Freund Thomas, der Fotograf, hat deshalb schon überlegt, ob er für seine Reisen in die Palästinensergebiete nicht künftig eine Gartenschere mitnehmen soll, um den Kindern dort nach »Struwwelpeter«-Manier diese beiden Finger, rappzapp, abzuschneiden.

Donnerstag, 10. April 2003, 22. Kriegstag

- Die Lage: Nach der Eroberung Bagdads durch US-Truppen herrscht dort Chaos. Die Bewohner ziehen plündernd durch die Straßen, räumen Privathäuser, Behörden und Botschaften leer, auch Krankenhäuser. Vereinzelt kommt es noch zu Gefechten. Am Abend kommt es an einem US-Checkpoint im Schiiten-Viertel Saddam-City zu einem Selbstmordanschlag mit Toten und Verletzten. Im Norden des Landes haben von US-Einheiten unterstützte kurdische Kämpfer ihre traditionelle Hochburg Kirkuk eingenommen.

Gestern, so lese ich in der Zeitung, war »Aktuelle Stunde« in der Hamburger Bürgerschaft. Thema: der Polizeieinsatz bei der Schülerdemo gegen den Krieg vor zwei Wochen. Die Abgeordneten der Schill-Partei sagen es frei heraus. Zu einem SPD-Abgeordneten, der vom Pfarrer auf Polizist umgesattelt hat, sagt einer: »Das Beste wäre, wenn sie auch den Polizeiberuf an den Nagel hängen würden – niemand hasst den Beruf so sehr wie Sie.« Ein anderer Schill-Mann sagt: »Die Polizei mit Dreck bewerfen, das lassen wir nicht zu – da können Sie einen drauf lassen.« Und Schill selbst: »Da hat sich wieder die polizeifeindliche Fratze der SPD gezeigt.«

Auf derselben Zeitungsseite lese ich die Notiz: »An der Putzaktion ›Hamburg räumt auf‹ beteiligen sich auch SPD-Bürgerschaftsabgeordnete. Am Sonnabend wienert Gesine Dräger ab 11 Uhr den Kulturverein Backstube (Am Hasenberge 48). Andrea Hilgers putzt zeitgleich vor der Post am Grasweg. Heidemarie Schwerweit-Müller sammelt Müll an der AWO-Tagesstätte. Wirtschaftsexperte Ingo Eg-

AFTER SADDAM · OPERATION IRAQI FREEDOM · KRIEG IM IRAK · DONNERSTAG, 10. APRIL 2003, 22. KRIEGSTAG · IRAQ: AFTER SADDA

loff reinigt den Marktplatz vor Karstadt Bramfeld, und Innenexperte Michael Neumann putzt beim Bürgerhaus Dannerallee.« Wer räumt besser auf in Hamburg – Schill oder die SPD?

Auf allen Kanälen ist es jetzt zu sehen: In Bagdad ist der Mob los. Sie klauen, was das Zeug hält, schaffen es weg auf dem eigenen Rücken, auf Sackkarren, Eselswagen oder gleich mit dem Lkw. Ich sehe, dass die mit Eisengittern und Stacheldraht bewehrten Tore der Deutschen Botschaft sperrangelweit offen stehen. Kinder ruckeln einen braunen Aktenschrank über die Betoneinfahrt, ein Mann hat sich mit ein paar Rollen Klopapier begnügt.

Hier bin ich oft gewesen, vor dem letzten Golfkrieg. Da ist die Botschaft Anlaufpunkt für die etwa 300 Deutschen, die Saddam Ende 1990 im Irak festhält, sie zum Teil, wie auch andere westliche Ausländer, als »menschliche Schutzschilde« an strategisch wichtige Orte verschleppen lässt – zu Industriebetrieben, Rüstungsfabriken, Militärbasen. Unter den Festgehaltenen sind auch etliche, die Saddams Aufrüstung aktiv mitbetrieben haben – mit der Lieferung von Maschinenteilen für seine Raketen und Produktionsanlagen für die Giftgasherstellung. Doch darüber redet keiner; kein Sterbenswörtchen ist ihnen auch zu entlocken zum Giftgasangriff auf die kurdische Stadt Halabscha, bei dem 3000 Menschen getötet wurden. Die größte Gruppe, meistens sind es Touristen, ist in der DDR-Botschaft untergekommen.

Dort erlebte ich 1990 einen denkwürdigen Tag: Es ist Mitternacht in Bagdad. Mit 45 Umdrehungen in der Minute rotiert »Auferstanden aus Ruinen« auf dem Plattenteller im großen Versammlungsraum der DDR-Botschaft. Schlag zwölf legt Uwe Kibbat, Kanzler der ostdeutschen Vertretung im Irak, den Tonarm zurück, nimmt die schwarze Scheibe mit der DDR-Hymne vom Plattenteller und schleudert sie auf den Steinfußboden vor den zusammengerückten Lautsprecherboxen, auf denen eine Marx-Büste steht. »Das war's«, sagt er und fährt sich verlegen über die Augen. Seit zehn Sekunden existiert die Deutsche Demokratische Republik nicht mehr. Seit zehn Sekunden schreiben wir den 3. Oktober 1990.

Wieder Wühlen in den Kontaktabzügen von damals. Einige der Deutschen habe ich fotografiert, vor dem riesigen Bild eines winkenden Saddam mit Pelzmütze, unter dem steht: »Araber, willkommen in Bagdad, dem Zentrum Arabiens«. Und ich sehe mich, eine DDR-Flagge wie ein Souvenir vor mich haltend. Jetzt fällt mir ein, dass ich die noch irgendwo haben muss. Sie war an diesem geschichtsträchtigen

ATION IRAQI FREEDOM · KRIEG IM IRAK · DONNERSTAG, 10. APRIL 2003, 22. KRIEGSTAG · IRAQ: AFTER SADDAM · OPERATION IRAQI F

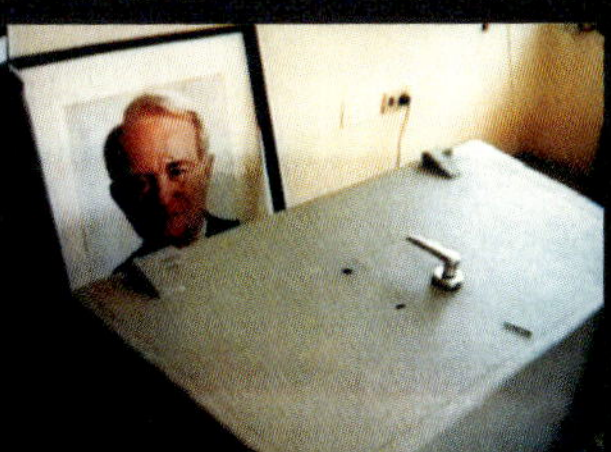

Bagdad, Golfkrise 1990: Deutsche, die nach dem Überfall auf Kuwait im Irak festgehalten werden, vor einem Saddam-Bild. »Unter den Festgehaltenen sind auch etliche, die Saddams Aufrüstung aktiv mitbetrieben haben.«

Abend, kurz bevor der westdeutsche Botschafter als neuer Dienstherr auftrat, vom Fahnenmast der ostdeutschen Botschaft eingeholt worden. Die hatte ich ersteigert, die letzte DDR-Flagge, die über Bagdad wehte. Was will ich eigentlich damit?

Heute scheint der Tag der Missverständnisse zu sein: Bush und Blair halten eine Fernsehansprache an das irakische Volk, arabisch untertitelt – wer soll die denn sehen, wenn in Bagdad kein Fernsehsender in Betrieb ist und es keinen Strom gibt? Und was ist davon zu halten: Auf CNN sehe ich um 14.30 Uhr live, wie im nordirakischen Kirkuk die Saddam-Statue fällt, und ich sehe kurdische Buben eine US-Flagge schwenken, auf der Sylvester Stallone als Rambo zu sehen ist – nackter Oberkörper, beide Arme bizepsstark in die Luft gereckt. Was meinen die bloß? Denken die, dass in den USA ein Schauspieler zum Präsidenten gewählt werden könnte? Oder dass Rambo der Präsident der Vereinigten Staaten ist?

AFTER SADDAM · OPERATION IRAQI FREEDOM · KRIEG IM IRAK · DONNERSTAG, 10. APRIL 2003, 22. KRIEGSTAG · IRAQ: AFTER SADDA

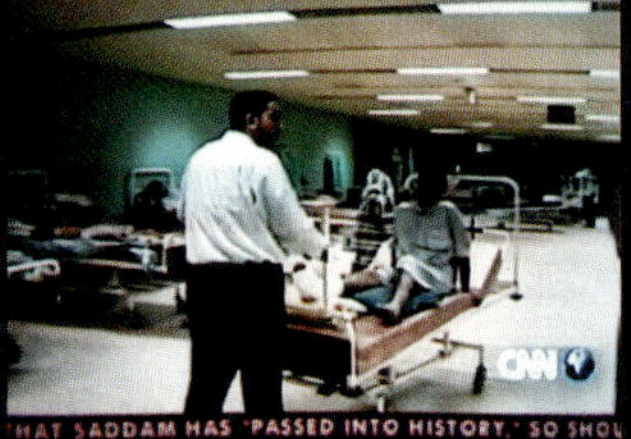

Bagdad, Golfkrise, 1990: Kromschröder am Tag der Wiedervereinigung, dem 3. Oktober, mit DDR-Flagge vor einer Moschee. »Die hatte ich ersteigert, die letzte DDR-Flagge, die über Bagdad wehte. Was will ich eigentlich damit?«

Freitag, 11. April 2003, 23. Kriegstag

- Die Lage: In Mosul legt das gesamte 5. Corps der irakischen Armee die Waffen nieder und übergibt die Stadt kampflos. Damit haben die Alliierten die Ölreserven Iraks komplett unter Kontrolle. Die Kurden kündigen ihren Rückzug aus dem erst kürzlich eroberten Kirkuk an. Die Türkei erklärt daraufhin, sie werde zunächst auf die Entsendung eigener Soldaten in die Siedlungsgebiete der Kurden im Norden des Irak verzichten. Im ganzen Land, besonders in den großen Städten, breiten sich Anarchie und Chaos weiter aus.

Zeitungen, wie jeden Tag, vor der Tür. Beim Aufheben fällt aus der »Süddeutschen« das SZ-Magazin. Roter Titel, weißes »Stern«-Logo, schwarze Schrift »Betrifft: Stern«. Thomas Walde schreibt über die »Hitler-Tagebücher«, 20 Jahre ist diese Pleite schon her. Thomas war damals der verantwortliche Redakteur des Ressorts Zeitgeschichte, in dem die Sache lief. Sein Kernsatz: »Wenn mich die Fälschung der Hitler-Tagebücher eines gelehrt hat, dann das: So lange wir Journalisten Fakten ve-

ATION IRAQI FREEDOM · KRIEG IM IRAK · FREITAG, 11. APRIL 2003, 23. KRIEGSTAG · IRAQ: AFTER SADDAM · OPERATION IRAQI FREED

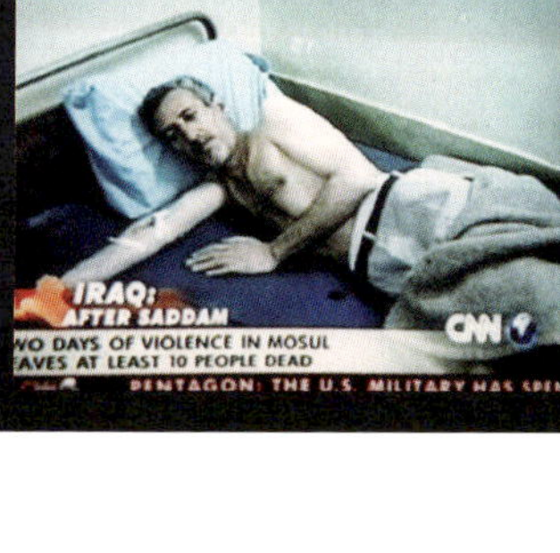

BBC WORLD
Latest Pictures
bbcnews.com
iraq
WAR
BAGHDAD

GOLF KRIEG 2003

rifizieren, so lange werden wir Lügen aufsitzen. Helfen kann nur das Falsifizieren. Also die Suche nach Hinweisen, Belegen dafür, dass eine angenommene These nicht stimmt. Aber alle Journalisten arbeiten nach dem anderen Muster. Und so verfielen auch wir dem Irrtum, die Tagebücher für den gegenständlichen Beweis dafür zu halten, dass wir zuvor richtig recherchiert hatten.«

Wer bei den Hitler-Tagebüchern wen reingelegt hat, ist mir bis heute unklar. Heidemann den Kujau oder umgekehrt? Der »Stern« Heidemann, oder? Geheimdienste, händereibend, den »Stern«? Die vielen Geschichten über Heidemann. Wie er mit einer Unterhose für einen Elefanten, Size XXXXL, angeblich von Idi Amin, in der Redaktion rumgerannt ist, sie jedem gezeigt hat. Wie stolz er war, einen echten SS-General als Taufpaten für seinen Sohn gewonnen zu haben, und so weiter. Nur noch eine, die dreht sich aber nicht um Heidemann: Als die Fälschung schon offensichtlich ist, sucht die Chefredaktion händeringend Leute, die auf die Schnelle recherchieren und Artikel schreiben, die dazu beitragen mögen, die Echtheit der Tagebücher doch noch zu bestätigen. Wer sich dazu bereit findet, der kriegt 20000 Mark extra, steuerfrei auf die Kralle vom Konto X. Sie fragen überall rum. Einige finden sich bereit. Eure Namen, ach Kollegen, die seien hier nicht genannt.

Nachrichten. Die US-Luftwaffe bringt mehrere der weltgrößten konventionellen Sprengkörper, die »Mutter aller Bomben«, in die Golfregion. Die 9,5 Tonnen schweren Bomben, die, wie berichtet, erst vor wenigen Wochen in Florida getestet wurden, haben eine Sprengkraft einer kleinen Atombombe.

Dann live auf CNN: Die Fassade des Al-Raschid-Hotels, wo ich im letzten Bombenkrieg oft nicht schlafen konnte. Ich sehe Plünderer, die das Mobiliar rausschleppen. Gardinen, Couchgarnituren, Mahagonitüren. Ich sehe einen, der einen kleinen Schreibtisch rausträgt. Das könnte doch der sein, denke ich für einen Moment, an dem ich nachts im Zimmer 563 mit der Taschenlampe gesessen habe, um meine Notizen und Filme zu ordnen. Vorm Eingang parken US-Militärfahrzeuge, daneben Soldaten mit Sturmgewehren, sie lassen die Plünderer unbehelligt passieren. Plötzlich fällt es mir ein: das Mosaik im Eingang! Dort war nach dem letzten Golfkrieg ein Porträt von George Bush senior angebracht worden, über das jeder, der rein oder raus wollte, drüberlaufen musste. Eine zynische Verhöhnung des Präsidentenvaters! Wenigstens da müssen die Soldaten doch aktiv werden, denke ich.

AFTER SADDAM · OPERATION IRAQI FREEDOM · KRIEG IM IRAK · FREITAG, 11. APRIL 2003, 23. KRIEGSTAG · IRAQ: AFTER SADDAM · OF

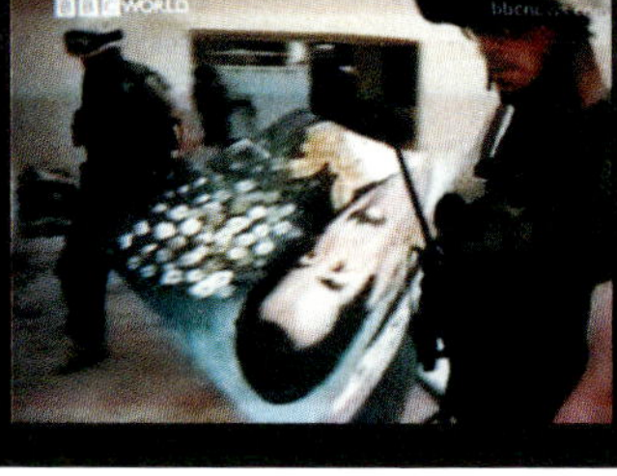

Später erfahre ich, dass sie es rausmeißeln, Steinchen für Steinchen.

Bilder aus Amerika. Im US-Kongress schwenken Abgeordnete vor laufender Kamera das Sternenbanner und singen »God bless America«. Der Demokrat Joe Lieberman, der an der Seite Al Gores ins Weiße Haus einziehen wollte, sagt: »Ich wünschte, ich hätte die Gelegenheit gehabt, in der Armee zu dienen.« Am Ground Zero, dem Grundstück, auf dem in Manhattan das World Trade Center stand, sagt New Yorks Gouverneur George Pataki: »Der Krieg hat genau hier am 11. September 2001 angefangen.«

Abends um zehn, Ablenkung suchend, auf Pro 7. Es läuft »Die Klapperschlange« mit Kurt Russell, 1981 gedreht, ein Blick in die Zukunft, merke ich: Manhattan ist längst aufgegeben, Plünderern und Verbrechern überlassen. Auf der Insel zwischen Hudson, Harlem und East River herrschen Anarchie, Mord und Totschlag. Plünderer ziehen durch die Stadt. Die Häuser liegen in Schutt und Asche, die Straßen sind übersät mit Autowracks und Abfällen. Es gibt kein Wasser und keinen Strom, keine Polizisten, keinerlei Ordnungsmacht. Hier überlebt nur, wer sich nimmt, was er will, wer den totschlägt, der ihm etwas nehmen will. Und an den hohen, mit Starkstrom und Wachtürmen gesicherten Betonmauern am anderen Ufer steht eine hochgerüstete, stoische Ordnungsmacht, die der Anarchie tatenlos zusieht und die Stadt sich selbst überlässt.

Kurz vor zwölf ins Bett, dann doch wieder raus, kurz vor zwei, BBC World. In Basra werden jetzt auch die Wasserwerke geplündert. Eine britische Planierraupe schiebt gerade einen zerschossenen Bus als Barrikade vor den Eingang. CNN, Bagdad. Flammen leuchten aus der irakischen Zentralbank. Marodierende Banden brandschatzen. Dritter Tag der Plünderungen. Bewaffnete Ladenbesitzer werfen einen mutmaßlichen Plünderer nieder, schlagen auf ihn ein. Faustrecht, Selbstjustiz. Um 2.17 Uhr sagt der Pentagon-Korrespondent von CNN, Chris Burns: »Sie haben den Krieg gewonnen, sie könnten aber den Frieden verlieren.«

Anschließend sagt Donald Rumsfeld auf einer Pressekonferenz zu den Plünderungen einen seiner Sätze: »Beim Übergang von einem Staat, der ein Polizeistaat war und Zehntausende ermordet hat, in einen anderen gibt es eine gewisse Übergangszeit, das ist ganz normal.« Ich will ihn vom Fernseher abfotografieren, wie ich es die ganzen Tage schon mache mit den Bildern vom Krieg auf dem Bildschirm – die Kamera versagt, Blackout. Der Apparat tut nix mehr, Totalausfall. Stinkig ins Bett.

N IRAQI FREEDOM · KRIEG IM IRAK · FREITAG, 11. APRIL 2003, 23. KRIEGSTAG · IRAQ: AFTER SADDAM · OPERATION IRAQI FREEDOM

Samstag, 12. April 2003, 24. Kriegstag

■ Die Lage: Tikrit, Husseins Heimatstadt, ist die letzte Großstadt, die noch unter irakischer Kontrolle steht. Dort erwartet das Pentagon »die letzten bedeutsamen Formationen« der irakischen Armee. Der Flugzeugträger »Abraham Lincoln« verlässt den Golf; weitere Kriegsschiffe sollen folgen. Die Alliierten tolerieren die meisten Plünderungen in Basra, Kirkuk, Mosul und Bagdad weiterhin. Mit dem Saddam-Vertrauten Amir al-Saadi stellt sich das erste Mitglied der irakischen Führungselite den US-Streitkräften. Das Repräsentantenhaus bewilligt Präsident Bush für seinen Feldzug »Iraqi Freedom« 80 Milliarden Dollar.

Die Kamera!, denke ich beim Aufwachen. Gleich los ins Industriegebiet an der Ruhrstraße, wo ich sie gekauft habe, vielleicht können die sie ja auf die Schnelle reparieren. Flache Zweckbauten, Harry's Fliesenmarkt, Volvo, »pit stop – Auspuff, Bremsen, Reifen«, VW, Mercedes. Bei Mr. Wash lese ich: »Tanken billiger – 3 Cent Rabatt pro Liter, wenn Sie gleichzeitig an der Tankstelle eine Waschmünze kaufen.« Die Preise sind in einer merkwürdigen Währung ausgezeichnet: »Benzin $1{,}03^9$, Super $1{,}05^9$, Diesel $0{,}87^9$.« Wie nennt man das, denke ich, was da immer als kleine 9 hinter dem Cent steht – wie heißt denn die Währung, die noch kleiner ist als 1 Cent? Bin nicht drauf gekommen.

Bei »1000 Töpfe« geparkt. Links von diesem »Fachmarkt-Zentrum« ist in einem gelben Klinkerflachbau »Gino Carone – Ihr Italiener gleich nebenan: Essen, Trinken, Einkaufen«. Rechts, mit einem großen Parkplatz davor, in einer Industriehalle »Freßnapf – Alles für Ihr Tier, der größte Tierfachmarkt in Hamburg mit Aquaristik«. Ich bin zu früh, »1000 Töpfe« macht erst um halb zehn auf. Ich habe Zeit, die im Eingang ausgehängten Angebote zu studieren. Die »Bilder-Boutique« bietet: »Foto-Puzzle nach Ihrem eigenen Motiv, 264 Teile, 9,99 Euro«. Oder, ebenfalls nach eigenen Fotos, »Grußkarten, Stück 0,9«. Ich habe die Wahl zwischen verschiedenen Eindrucken, z.B.: »Herzlichen Dank für die Glückwünsche und Aufmerksamkeiten zu unserer Verlobung«, »Unser Baby ist da« oder »Frohe Ostern«. Endlich geht die Tür auf. Der Verkäufer: Das Kameragehäuse ist im Arsch, Totalschaden. Verschlusslamellen kaputt, muss wohl letzte Nacht beim Filmeinlegen da reingefasst haben. Neuer Body, 249 Euro per EC-Karte. »Harry's Imbiss« neben dem Ausgang ist noch nicht geöffnet, schade. Ein Pfeil sagt mir: »Hunger? McDonald's 200 Meter.« Das ist mir dann doch zu weit.

Zu Hause das alte Objektiv auf das neue Gehäuse geschraubt, wieder aufs

AFTER SADDAM · OPERATION IRAQI FREEDOM · KRIEG IM IRAK · SAMSTAG, 12. APRIL 2003, 24. KRIEGSTAG · IRAQ: AFTER SADDAM · O

Stativ montiert. Fernseher an, weiter fotografiert. Neue Bilder von »Earth View/Digital Globe«, wie aus einem Satelliten. Jetzt zoomen sie über den Irak, lassen Bagdad unter sich liegen, Close-up auf Tikrit.

Ein Häusermeer, einige blaue Wasserflächen, ein Palast mit versailleshaften Parkanlagen, weiße Wege im satten Grün, wie mit dem Lineal gezogen – das prächtigste Refugium Saddam Hussein al-Tikriti. Gerade in den letzten Tagen höre ich immer wieder, US-Truppen seien dorthin auf dem Vormarsch. Informationen darüber von den dort bei den Alliierten eingebetteten Kollegen, die uns eine neue Offenheit in der Kriegsberichterstattung versprochen haben: Fehlanzeige. Von ihnen null Information. Geheimoperation, da hat man sie wohl mundtot gemacht.

Seit Wochen fliegen die Alliierten massive Luftangriffe auf Tikrit, die drittgrößte Stadt im Irak, bomben sie sturmreif. Hier stünden Reste der Republikanischen Garde, zu allem entschlossen. Hier soll die letzte Schlacht stattfinden. Hier wurde nicht nur Saddam geboren, auch der legendäre Sultan Saladin (Salah ad-Din = Heil des Glaubens) erblickte hier das Licht der Welt, 1138. Er war der große Gegenspieler des Kreuzritterkönigs Richard Löwenherz. Nach seinem Sieg über die westlichen Glaubenskrieger bei Hattin, 1187, und der Rückeroberung Jerusalems avancierte Saladin zu einem der mächtigsten islamischen Herrscher. In Lessings Schauspiel »Nathan der Weise« von 1779 ist dieser Saladin eine der Hauptfiguren, da sagt er: »Ein Kleid, ein Schwert, ein Pferd – und einen Gott! Was brauch ich mehr?« Am ersten Kriegstag hatte Saddam gesagt: »Bereitet eure Pferde auf die Schlacht vor und lasset ihnen freien Lauf.« Findet jetzt in Tikrit, denke ich, wie am Ende jedes ordentlichen Western, der Showdown hoch zu Ross statt: Saddam Aladin versus George W. Löwenherz?

Im Fernsehen wieder Bilder von Plünderungen. Bedrohliches Chaos in Kirkuk und Mosul, Bagdad in Flammen, Wohnungen und Läden werden weiter leer geräumt, die meisten Behörden ausgeplündert. Nur vorm Ölministerium in Bagdad sind US-Truppen in Stellung gegangen. Ich sehe, was da alles weggeschleppt wird: Schränke, Kleider, Kristallllüster, Teppiche, Bürostühle, Steinbüsten, Schuhe, Geschirr, Sessel, Ölbilder.

Draußen scheint die Sonne, es ist wärmer als in den letzten Tagen. Spaziergang durch das Wohnviertel mit den schönen Stadtvillen, wo so viele dieser Schilder zu sehen sind: »Einfahrt freihalten! Widerrechtlich geparkte Fahrzeuge werden

ON IRAQI FREEDOM · KRIEG IM IRAK · SAMSTAG, 12. APRIL 2003, 24. KRIEGSTAG · IRAQ: AFTER SADDAM · OPERATION IRAQI FREEDOM

kostenpflichtig abgeschleppt!« In drei Straßen rund um das Völkerkundemuseum an der Rothenbaumchaussee ist heute Flohmarkt. Stände mit Trödel und Krimskrams, jede Menge Krusch und alte Plünnen auf einer Länge von 500 Metern. Gebrauchtwarenmarkt: zerkratzte Schränke, getragene Kleider, blinde Kristalllüster, abgetretene Teppiche, ausgemusterte Bürostühle, angeschlagene Steinbüsten, ausgelatschte Schuhe, aussortiertes Geschirr, durchgesessene Sessel, ausrangierte Ölbilder. An einem der letzten Stände ein in rotem Kreuzstich verzierter weißer Wandbehang: »Wo Liebe sich zum Glück gesellt, da ist das schönste Heim der Welt.«

Am Abend, nachdem Leipzig als deutsche Olympiastadt für 2012 ausgeguckt ist, sagt einer im ZDF auf dem Marktplatz dort meinen Lieblingssatz fürs Wochenende: »Keine andere Möglichkeit als die gab's nicht.«

Die Karo-Sieben hat ausgespielt, jetzt will sie ihre Karten auf den Tisch legen – mit diesem schiefen Bild könnte man beschreiben, was ich gerade im ZDF sehe: Amir al-Saadi, wissenschaftlicher Kopf des irakischen Waffenprogramms, stellt sich in Bagdad der US-Army. Er ist die Nummer 34 auf der amerikanischen Fahndungsliste der 55 meistgesuchten Iraker, die jetzt zur Strecke gebracht werden sollen – »tot oder lebendig«. Gestern wurden ihre Steckbriefe im US-Hauptquartier Doha vorgestellt – in Form eines Kartenspiels. Amir al-Saadi ist dabei die Karo-Sieben. Aber: Welches Ass sticht, wenn's denn Skat wäre? Jetzt könnte man sagen: Das Pik-Ass Saddam Hussein ist noch irgendwo im Ärmel zwischen Euphrat und Tigris versteckt.

Nachts wieder draußen, irritierende Bilder und Nachrichten. CNN, 2.54 Uhr: US-Soldaten haben in einer Schule in Bagdad Dutzende von »suicide vests« gefunden, für Selbstmordanschläge präparierte Anzüge. Dazu Sprengstoff und Zünder. 3.05 Uhr: Irakische Demonstranten halten Schilder hoch mit der Aufschrift »We want peace«, und dann rufen sie: »Yankees go home«. Ranger gehen dazwischen, es kommt zu Rangeleien. 3.25 Uhr, BBC World: US-Soldat an einem Checkpoint in Bagdad erschossen, Täter ebenfalls, ein Mann mit einem syrischen Pass. Und dann, in Wiederholung, die Bilder von siegreichen Soldaten, von bewaffneten Plünderern, von Leichen, Verstümmelten, Trauernden. Ich schalte ab.

Sonntag, 13. April 2003, 25. Kriegstag

- Die Lage: Die Hochburg des entmachteten irakischen Präsidenten Saddam Hussein steht offenbar kurz vor dem Fall. US-Streitkräfte rücken

AFTER SADDAM · OPERATION IRAQI FREEDOM · KRIEG IM IRAK · SONNTAG, 13. APRIL 2003, 25. KRIEGSTAG · IRAQ: AFTER SADDAM · C

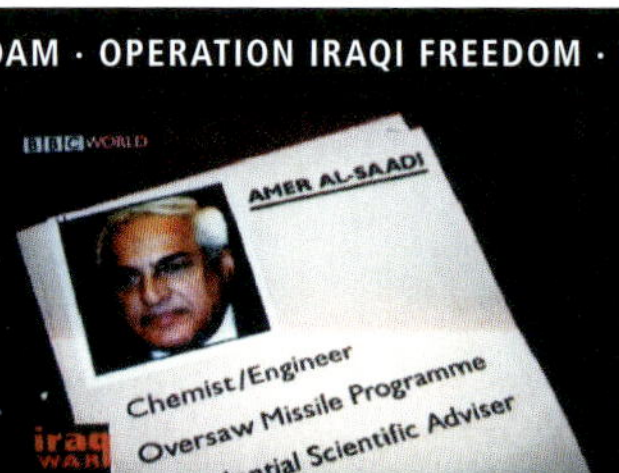

nach eigenen Angaben in Tikrit ein, der letzten Großstadt unter irakischer Kontrolle. Dabei treffen sie kaum noch auf Widerstand. Es sei aber verfrüht zu sagen, dass die Stadt erobert sei, erklärt das US-Militär am späten Nachmittag. Um Chaos und Plünderungen einzudämmen, rekrutieren die Alliierten in den eroberten Großstädten Freiwillige.

Zuerst die gute Nachricht: Ich sehe, wie die verletzte US-Soldatin Jessica Lynch in einer Washingtoner Militärklinik ankommt. Sie war ja vor elf Tagen in einer waghalsigen Aktion aus irakischer Kriegsgefangenschaft herausgeholt worden. Sie hat inzwischen die Filmrechte ihrer Befreiung an einen Fernsehsender verkauft. Jetzt muss sie nicht mehr auf Lehrerin studieren. Eine amerikanische Karriere.

Zweifel an dem, was ich tue. Jetzt habe ich stundenlang, tagelang, nächtelang, wochenlang auf diese Bilder im Fernsehen gestarrt, und ich habe Angst, dass ich dabei bin, zu verrohen. Nichts von dem, was ich sehe, scheint mich mehr zu berühren. Die Fülle der bewegten Bilder beginnt mein Mitgefühl abzuhobeln. Der tote Soldat zerfetzt neben seinem ausgebrannten Panzer – kenn ich doch. Der Junge, dem die Clusterbombe beide Arme weggerissen hat – war das nicht schon auf CNN, im ZDF oder wo? Die Frau in der schwarzen Abaja, dem traditionellen Umhang, die sich weinend über den Sarg ihres toten Kindes wirft – kenn ich das nun aus BBC World oder aus n-tv? Folgen des Dauerfernsehens. Die permanente Flut der bewegten Bilder. Gewöhnung, Abstumpfung.

Der erste sonnige Tag ohne den kalten Wind, frühlingshaft schön. Fluchtpunkt Ostsee. Autofahrt nach Travemünde. Auf dem Priwall, gegenüber der alten Flaniermeile, eine Altenanlage im Bauherrenmodell-Stil. In fußläufiger Entfernung gleich daneben ein kleiner Yachthafen, damit die allesamt kreuzfidelen Alten schnell zu ihren Segelbooten hechten können, mit denen sie über die Ostsee schlenzen sollen.

Weiter vorn, wo die Trave ins Meer fließt, das Maritim-Hotel, das aussieht wie ein Klon des Neptun in Warnemünde, zu DDR-Zeiten das erste Stasi-Hotel am Platze. Im Baugeschmack brüderlich verbunden. Mit rotem Verbundklinker gepflasterte Uferpromenade. Mit frischem Weiß gestrichene Eisengeländer zum Sandstrand. Die Wurstbude verwaist. Die Anlage zur Mülltrennung voll funktionsfähig. Die als elegantes Ensemble aufgerichteten drei anthrazitfarbenen Blechschränkchen mit Chromleiste offerieren: grün umrandetes Einwurfloch – »Altglas«, gelb – »Kunst- und Verbundstoffe, Altmetalle« und rot

ON IRAQI FREEDOM · KRIEG IM IRAK · SONNTAG, 13. APRIL 2003, 25. KRIEGSTAG · IRAQ: AFTER SADDAM · OPERATION IRAQI FREEDOM

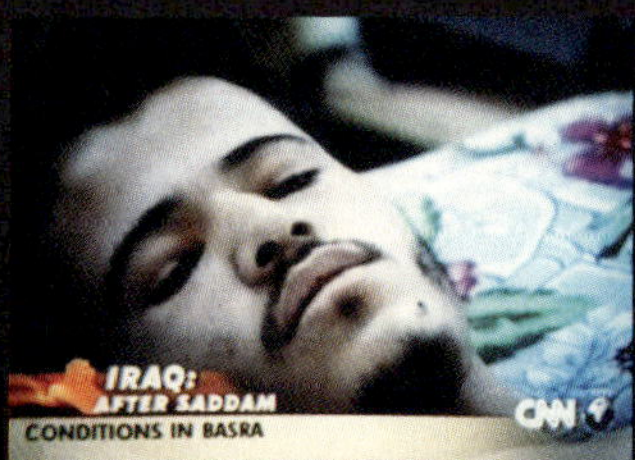

GOLF KRIEG 2003

BBC WORLD

BBC WORLD

GOLF
KRIEG
2003

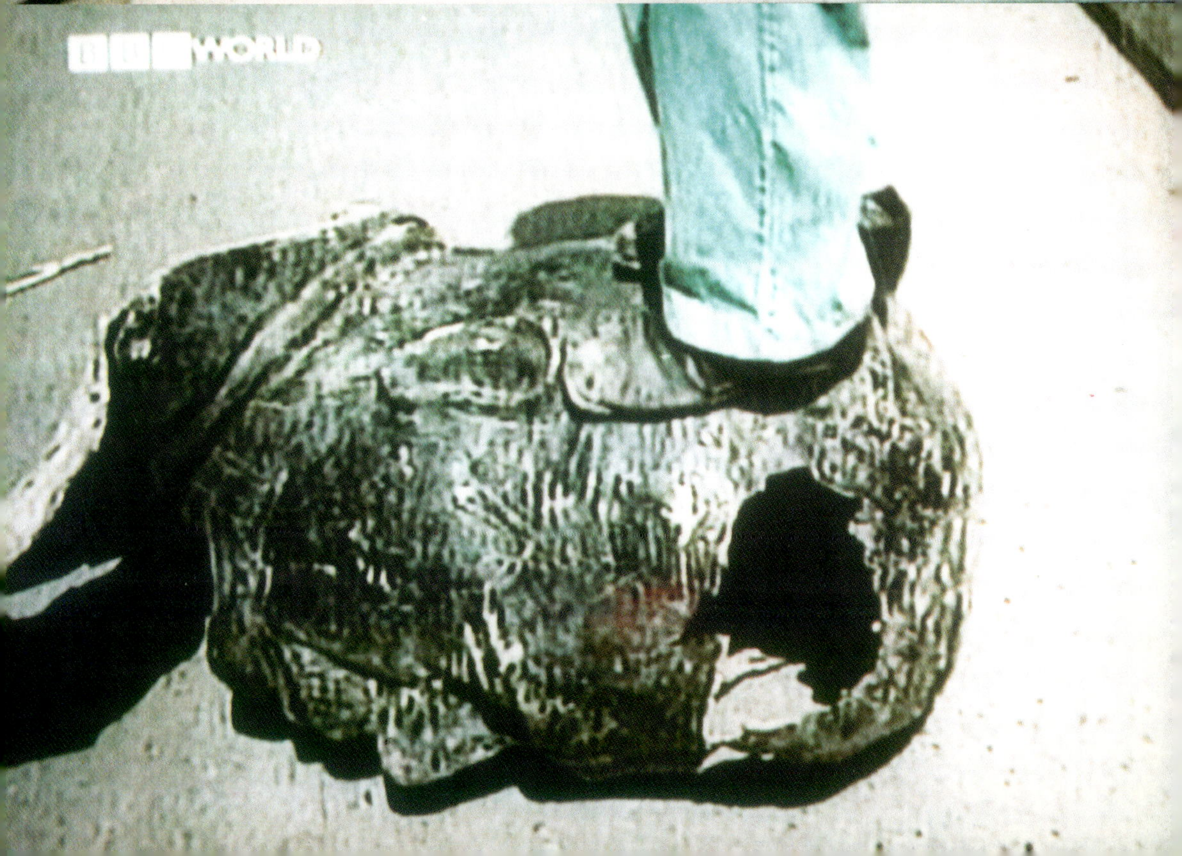

– »Restmüll«. Ich bin hilflos: Wo denn nun rein mit der leeren Zigarettenschachtel?

Auf der Rückfahrt Autoradio. Zwischen der Hit-Musik, die vom Computer ausgesucht wird, regionale Kurznachrichten. Den sieben großen Hamburger Museen drohe die Pleite. Es bestehe die Gefahr, dass man die Gehälter nicht mehr bezahlen könne, höre ich. Auf der ganzen Strecke zurück nach Hamburg Geschwindigkeitsbegrenzung, aber jetzt rauscht so ein junger, tiefer gelegter BMW mit mindestens 180 km/h an uns vorbei. Extrabreite Reifen, an der Schnauze diese runtergezogenen Windabweiser, hinten auf dem Kofferraumdeckel ein Spoiler wie ein Bücherregal.

Auch so noch zeitig zu Hause, gleich an den Fernseher. Muss doch wieder gucken. Ich sehe zusammengehauene Glasvitrinen, auf dem Fußboden zerstreute Papierfetzen. Umgestülpte Kisten, leer gefegte Regale. Aufgestemmte Stahltüren, Statuen mit abgeschlagenen Köpfen. Auf der Empore eines großen Saales steht eine ungefähr fünfzig Jahre alte Frau, schlägt die Hände vors Gesicht, weint. Sie ist die stellvertretende Museumsdirektorin Midal Amin, erfahre ich. Ihr Nationalmuseum ist eines der bedeutendsten der Welt für die Kulturen des Vorderen Orients von der frühesten Geschichte bis zur islamischen Zeit. Mesopotamien, das Zweistromland, Wiege der Menschheit. Hier wurde unsere städtische Zivilisation geboren, dort wurde das Rad erfunden und die Schrift. Wie wir uns das Paradies vorzustellen haben, wurde erstmals in Ur formuliert. Jetzt sind die Zeugnisse aus 7000 Jahren Zivilisationsgeschichte verschwunden oder liegen in Klump, insgesamt 170 000 Kunstwerke fehlen nach einer ersten Bilanz: assyrische Bronzeplastiken und Gebetsstatuetten, sumerischer Goldschmuck. Unklar ist noch, was aus den berühmten Tontafeln geworden ist, deren Keilschrifttexte zum Teil noch gar nicht entziffert werden konnten – die älteste Literatur, Geschichtsschreibung und Gesetzgebung der Menschheit. Ein US-Offizier wird befragt. Nein, sagt er, darum hätten sie sich nicht kümmern können, sie hätten Wichtigeres zu tun.

Später auf CNN ein Interview mit dem irakischen Archäologen Raid Abdul Ridhar Mohammed. Er sagt: »Wenn die Kultur eines Landes geplündert wird, wie es mit unserer in diesen Tagen geschehen ist, ist seine Geschichte am Ende. Bitte, sagen Sie das Präsident Bush. Bitte erinnern Sie ihn daran, dass er versprochen hat, das irakische Volk zu befreien. Aber dass dies keine Befreiung ist, sondern eine Demütigung.«

AFTER SADDAM · OPERATION IRAQI FREEDOM · KRIEG IM IRAK · SONNTAG, 13. APRIL 2003, 25. KRIEGSTAG · IRAQ: AFTER SADDAM · C

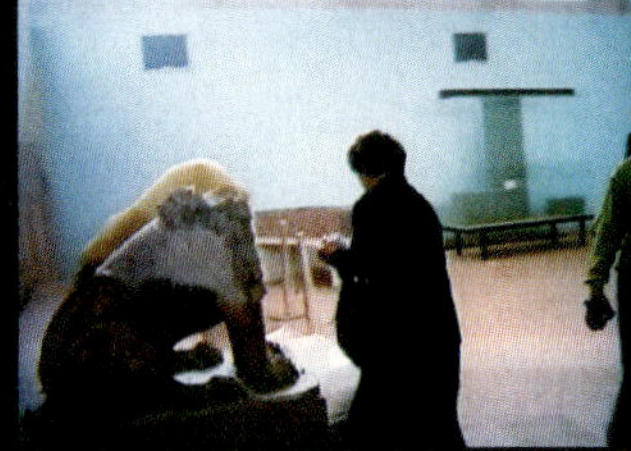

Das Telefon klingelt. Achim? Was, Ghassan aus Bagdad – wie das, ich dachte, es funktioniert keine Telefonleitung mehr in Bagdad, hab's ja selbst öfter versucht. Nein, sagt er, eine amerikanische Journalistin habe ihm erlaubt, kurz ihr Satellitentelefon zu benutzen. Ghassan hat in der DDR Wasserbau studiert, ich hatte ihn gleich bei meiner ersten Reise nach Bagdad kennen gelernt. Wir haben die ganzen Jahre lockeren Kontakt gehalten. Wie's ihm denn geht, druckse ich herum. Die Familie sei wohlauf, auch seine beiden Töchter Amira und Aishe, seine Augäpfel. Sein Textilladen, den er sich in der Saduun-Street aufgebaut hat, den hätten sie völlig leer geräumt und dann abgefackelt, als er einem befreundeten Händler am anderen Straßenende gegen Plünderer beistand. Aber das sei nicht so schlimm. Seine Eltern, die seien bei einem Bombenangriff vor einer Woche getötet worden. Ich weiß nicht, was ich Ghassan sagen soll, da erlöst mich ein lang gezogener, hoher Piepton – die Verbindung ist unterbrochen.

Ich sehe Präsident Bush am Rednerpult. Hinter ihm zwei groß aufgezogene Fotos. Rechts ein Blick auf das Deck eines Flugzeugträgers, auf dem mehrere Dutzend Kampfjets bereitstehen, links ein mit Raketen bestückter Bomber vor dem Start. Er hält eine Rede beim Rüstungshersteller Boeing, dessen Produkte im Irak-Krieg ihre Zuverlässigkeit bewiesen haben. Bush sagt: »Unsere Arbeit ist noch lange nicht getan.«

Montag, 14. April 2003, 26. Kriegstag

■ Die Lage: Mit Unterstützung von Kampfhubschraubern und Panzern stoßen 3000 US-Marine-Infanteristen ins Zentrum von Tikrit vor und nehmen die letzte Hochburg von Saddam Hussein. Sein Palast ist nach den Bombenangriffen teilweise eingestürzt, und er ist bereits geplündert. »Im Wesentlichen sind Saddams Truppen im Irak zusammengebrochen«, sagt der britische Premierminister Blair im Londoner Parlament. »Wir sind dem Ende des Konflikts nahe.« Washington verschärft seine Drohungen gegen Syrien. Präsident Bush erklärt: »Wir fordern Syrien auf, keinem Mitglied der Saddam-Familie Zuflucht zu gewähren.« Und Außenminister Powell ergänzt: »Wir halten Syrien seit Jahren für ein Land, das den Terrorismus unterstützt.« Die Plünderungen in Bagdad dauern an, die Versorgungslage der Bevölkerung ist weiterhin katastrophal.

Frühmorgens »Breaking news« bei CNN, die Schlagzeile, die keinen Aufschub duldet: Terrorist Abu Abbas in Bagdad gefasst! Bekannt geworden ist der Führer der »Palästinensischen Befreiungsfront« (PLF) 1985 als Planer der Kaperung des Luxus-Kreuzfahrtschiffes »Achille Lauro« – mit

ON IRAQI FREEDOM · KRIEG IM IRAK · MONTAG, 14. APRIL 2003, 26. KRIEGSTAG · IRAQ: AFTER SADDAM · OPERATION IRAQI FREEDOM

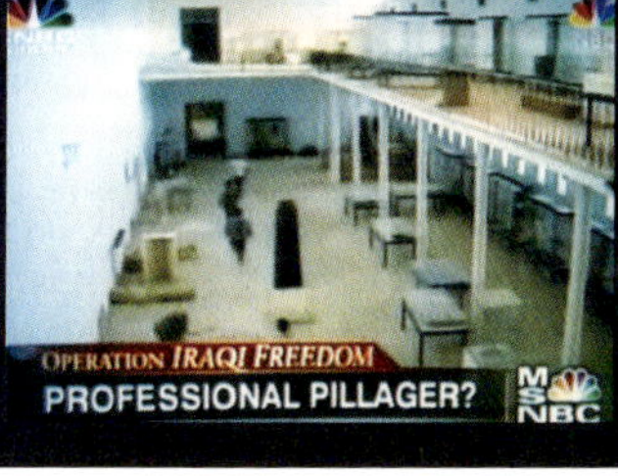

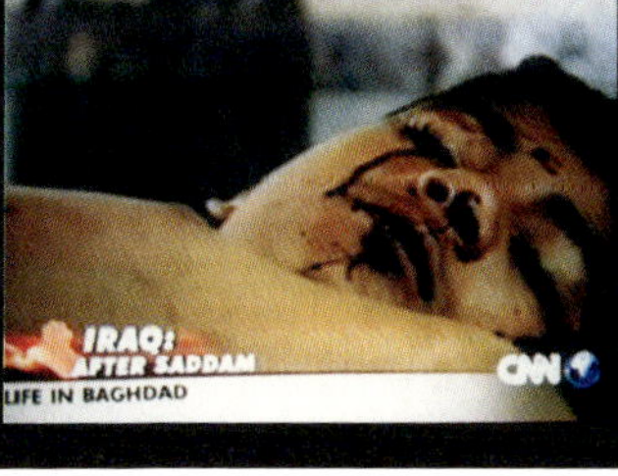

Bagdad, Golfkrise 1990: Terrorist Abu Abbas, Kromschröder. »Ich sah, dass wir uns direkt hinter der DDR-Botschaft befanden. Ich habe mich aber gehütet, Abu Abbas zu verraten, dass ich genau wußte, wo er sich versteckt hielt.«

der Entführung der 450 Passagiere sollten 50 palästinensische Häftlinge in Israel freigepresst werden. Das Bild ging um die Welt, wie der 68 Jahre alte Rollstuhlfahrer Leon Klinghofer von den Abbas-Leuten einfach ins Mittelmeer geworfen wird. Ein italienisches Gericht hatte Abbas in Abwesenheit zu fünfmal lebenslanger Haft verurteilt. Inzwischen, so höre ich, betreibt Abbas südlich von Bagdad eine Kiwi-Farm und ist auch schon mal mit offizieller Genehmigung des israelischen Premiers in den Gaza-Steifen eingereist. Jetzt gibt er den reuigen Entführer.

Ich habe Abu Abbas anders erlebt, 1990 in Bagdad. Da stand er auf der Liste der meistgesuchten Terroristen der Welt noch ganz oben, der israelische Mossad und die US-Geheimdienste waren ihm auf den Fersen. In einem Interview mit mir, dem ersten, das er seit Jahren gab, spuckte der PLF-Chef noch große Töne. Da versprach er, seine Leute würden »bis zum letzten Blutstropfen auf der Seite Saddams kämpfen – mit allen uns zur Verfügung stehenden Methoden«. Und er sagte, wie das gemeint war: »Unsere Kommandoeinheiten stehen bereit. Vielleicht werden

AFTER SADDAM · OPERATION IRAQI FREEDOM · KRIEG IM IRAK · MONTAG, 14. APRIL 2003, 26. KRIEGSTAG · IRAQ: AFTER SADDAM · O

auch Schnellboote dabei sein, die wir mit Bomben und Sprengstoff voll packen und mit denen unsere Selbstmord-Trupps US-Kreuzer versenken werden.«

Das Interview mit dem weltweit gesuchten Oberterroristen hatten mir palästinensische Freunde auf konspirativen Umwegen vermittelt. Ich war im Hotel von bewaffneten Abbas-Leuten abgeholt worden, die mich in ein Auto schubsten und eine Stunde so lange kreuz und quer durch die Stadt kutschierten, bis ich jede Orientierung verloren hatte – ich sollte nicht rekonstruieren können, wo wir hinfuhren. Als ich dann, völlig durchgedreht, beim streng geheimen Versteck angekommen war, merkte ich, dass sich die ganze Irrfahrt für meinen Gastgeber nicht gelohnt hatte: Bei einem Blick aus dem rückwärtigen Fenster des Hauses sah ich, dass wir uns direkt hinter der DDR-Botschaft befanden, die ich ja kannte. Ich habe mich aber gehütet, Abu Abbas zu verraten, dass ich genau wusste, wo er sich versteckt hielt.

Das Fernsehbild ist weg, Probleme mit dem Kabelanschluss. Im Keller ist ein Techniker zugange, checkt die Verbindungen über einen kleinen Monitor, den er auf den Betonfußboden gestellt hat. Zeit für Zeitungslektüre. Im »Hamburger Abendblatt« lese ich: »Endlich! Die Natur explodiert. Überall brechen Knospen auf, schieben sich Blätter und Blüten in einem Tempo hervor, dass man den Pflanzen beim Wachsen fast zuschauen kann.«

Die »Süddeutsche Zeitung« heute erstmals seit Wochen ohne ein Kriegsfoto auf Seite eins. Als Beilage diesmal in der SZ: das bunte Heft mit dem komischen Namen »Chrismon«. Es ist »das evangelische Magazin«, steht da. Innen zeigen sieben Kriegsfotografen jeweils eines ihrer Bilder und erzählen, wie sie zustande gekommen sind. Der deutsche Fotograf Kai Wiedenhöfer ist mit einem Bild vertreten, das einen kleinen Jungen zeigt, der in einem Palästinenserlager Steine gegen ein israelisches Militärcamp wirft.

Dies sei »mehr oder weniger ein Medien-Event« gewesen, erzählt er: Zwanzig Fotografen und Kameraleute seien in dem Lager aufgetaucht, und einige acht- bis dreizehnjährige Kinder hätten ihre Chance genutzt, »weil sie glaubten, dadurch zu Medienstars zu werden: Sie warfen so lange Steine in Richtung des israelischen Wachturms, bis ihnen der Schweiß ausbrach und sie völlig erschöpft waren.« Wiedenhöfer: »Die ganze Szene war lächerlich. Die Presse jagte Dutzende von Filmen durch, dabei wäre ohne die anwesenden Fotojournalisten überhaupt nichts passiert.«

N IRAQI FREEDOM · KRIEG IM IRAK · MONTAG, 14. APRIL 2003, 26. KRIEGSTAG · IRAQ: AFTER SADDAM · OPERATION IRAQI FREEDOM ·

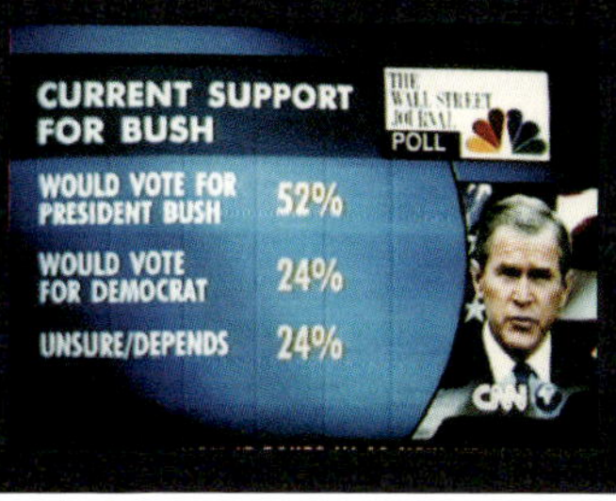

Zeitungslektüre. Ich lese, die nächsten möglichen Ziele der USA seien Syrien oder der Iran – oder beide. Zu den Gründen, warum Präsident Bush diesen Krieg angefangen hat, der Verbindung des Irak zu bin Ladens Terrornetzwerk al-Kaida, der Beseitigung von Massenvernichtungswaffen, davon lese ich kaum noch etwas – erst recht nicht in »Focus«. Die haben heute für ihren vor einer Woche im Irak getöteten Reporter die Titelseite freigeräumt: »Wir trauern um Christian Liebig«. In das Bild von US-Soldaten bei der Einnahme einer brennenden irakischen Stadt ist ein Foto des telefonierenden Journalisten in schusssicherer Weste vor einem Panzer eingeklinkt. Innen dazu insgesamt 27 Seiten – die Rekonstruktion seiner letzten Stunden, Lebenserinnerungen, Beileidsbriefe. Auch Auszüge aus dem Kriegstagebuch, das der bei einer US-Einheit eingebettete Journalist für »Focus Online« geschrieben hat, sind abgedruckt. Leseprobe:

»Kurz nach 20 Uhr begannen die Kanonen zu sprechen. Panzerhaubitzen der US-Armee feuerten im Sekundentakt auf irakische Grenzstellungen. Während der Donnerhall der Kanonen die Erde erbeben ließ und Lichtblitze den nächtlichen Himmel über der Wüste erhellten, brachen viele US-Soldaten in Jubel aus.«

Auf Seite drei beschreibt »Focus«-Chefredakteur Helmut Markwort heute mitfühlend die »sechs Stunden Angst vor der schrecklichen Gewissheit« vom Tod des Kollegen. Markwort, der in seiner Heimatstadt Darmstadt gerne Theater spielt, schreibt, er habe Liebig gesagt: »Riskieren Sie nichts.« Er habe an diesem Tag Angst um seinen Reporter an der Front gehabt: »Ausnahmsweise ließ ich in der Konferenz mein Handy an, aber Christian Liebig hat nie mehr angerufen.«

In der »Focus«-Ausgabe der letzten Woche, als Liebig also noch lebte, hatte sich Markwort an gleicher Stelle ganz anders angehört. Letzten Montag hatte er stolz im Kasinoton über seinen Mann im Stahlgewitter geschrieben: Liebig habe mit seinem US-Infanteriekommando »den Euphrat überquert – unter Beschuss. Verblüffend schnell hat er gelernt, Explosionsgeräusche zu unterscheiden. ›Wenn ich nachts Schüsse oder Detonationen höre‹, mailt er, ›schätze ich die Entfernung und schlafe meist schnell wieder ein.‹«

Meine Frau gibt mir die »Brigitte«, da stehe auch etwas drin zu meinem Thema. Die beiden »Stern«-Kollegen Gabriel Grüner und Volker Krämer sind im Juni 1999 auf einer Straße im Kosovo von Heckenschützen erschossen worden. Grüners Freundin Beatrix Gerstberger, die bei seinem Tod mit einem Kind von ihm schwan-

AFTER SADDAM · OPERATION IRAQI FREEDOM · KRIEG IM IRAK · MONTAG, 14. APRIL 2003, 26. KRIEGSTAG · IRAQ: AFTER SADDAM · O

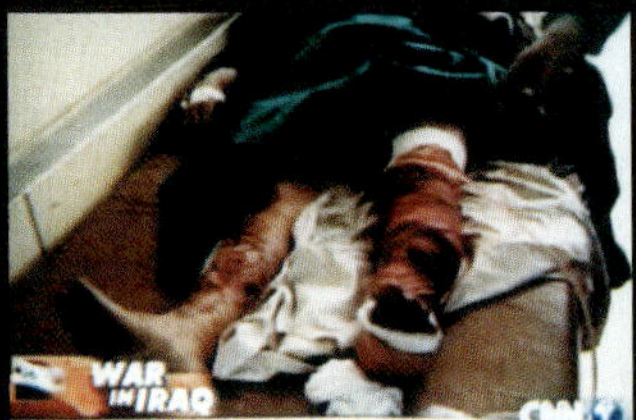

ger war, beschreibt ausführlich, was es heißt, einen geliebten Menschen durch den Tod zu verlieren. Und sie schreibt, an ihren toten Freund gerichtet: »Ich bin erstaunt, wie sich Leute deiner bemächtigen, sagen, sie allein hätten dich gut gekannt.«

Der Fernsehtechniker sagt, der Verstärker im Keller sei verreckt, jetzt sei das Bild wieder da.

Dienstag, 15. April 2003, 27. Kriegstag

- Die Lage: Die USA wollen noch diese Woche ihre Flugzeugträger »Kitty Hawk« und »Constellation« mit etwa 160 Kampfflugzeugen aus dem Golf abziehen. In Bagdad und Basra müssen die Menschen weiterhin ohne Strom und Wasser auskommen, die medizinische Versorgung liegt weitgehend brach. Im Südirak findet ein von den USA einberufenes Treffen mit irakischen Oppositionellen statt, um die Neuordnung des Irak in die Wege zu leiten. Die Zusammenkunft wird sowohl vom Irakischen Nationalkongress als auch von der stärksten Schiiten-Gruppe boykottiert. Der britische Außenminister Straw erklärt in Doha, die militärische Operation im Irak neige sich dem Ende zu, nun beginne der Wiederaufbau.

Sohn Joke ruft an, will morgen vorbeikommen. Ich nehme mir vor, ihm dann zu sagen, dass ich mit seinem Geschenk geflunkert habe. Oder auch nicht.

Eine Nachricht, von der ich nicht weiß, ob sie gut ist oder schlecht: Die Geschichte vom vier Mal von irakischen Kugeln getroffenen Helm des britischen Infanteristen Eric Waldermann stimmt. Die hatte »Bild« ja am 9. Kriegstag gebracht. Allerdings: Der Soldat hatte seinen Helm gar nicht auf dem Kopf, als das Ding getroffen wurde. Insofern war die Überschrift in »Bild« so nicht ganz richtig: »Danke, Superhelm! Ich habe vier Kopfschüsse überlebt.« Da haben die halt auch ein bisschen geflunkert.

Solche Feinheiten von der Front wie die Helm-Story erfährt man bei der Europa-Ausgabe des US-Senders MSNBC, der über Kabel nur stundenweise am Vormittag zu empfangen ist. Die MSNBC-Leute sind sehr patriotisch (und haben deshalb wohl auch gerade ihren Reporter Peter Arnett entlassen, weil er den Irak-Feldzug der Amerikaner für gescheitert erklärt hatte). Im MSNBC-Studio steht eine gut zehn Meter hohe Heldenwand, an die jeden Tag neue Porträtfotos von Kriegsteilnehmern gepinnt werden – »America's Bravest«, erfahre ich im Insert. Wenn ein Militärexperte auftritt, tut er das im »War Room«. Interview mit einem stolzen Heldenvater – sein Sohn ist bei einem Feuergefecht im Irak schwer verletzt worden: »Er tat es für Amerika.« Berichte von der »Heimatfront«. Dann Kurznachrichten

ON IRAQI FREEDOM · KRIEG IM IRAK · DIENSTAG, 15. APRIL 2003, 27. KRIEGSTAG · IRAQ: AFTER SADDAM · OPERATION IRAQI FREEDOM

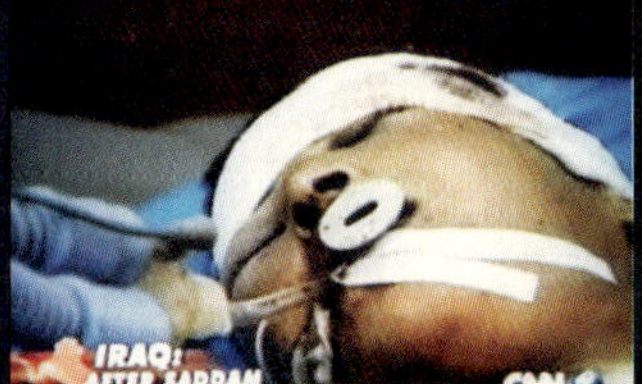

MAJOR U N ROLE IN REBUILDING IRAQ

ON THE
HOMEFRONT
WORK WITH AMERICAN TROOPS IS THROUGH

OPERATION IRAQI FREEDOM
THE HERO SON

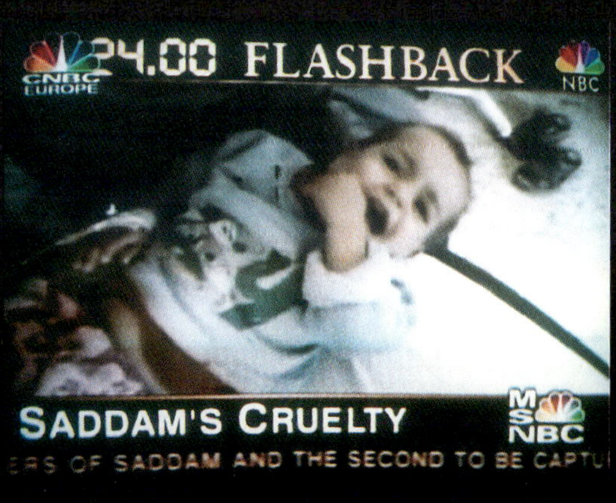

GOLF KRIEG 2003

Kriegsopfer I: Dieser Soldat wurde in Bagdad schwer verletzt. An der Heimatfront hat sein Foto seitdem einen Ehrenplatz an der Wand der »Tapfersten Amerikas« des patriotischen US-Senders MSNBC. Dort wird Saddam »ausgezählt«, die militärische Lage wird im »War Room« erörtert. Und »Saddams Grausamkeit« wird angeprangert – er habe vor dem Einmarsch der Amerikaner Babys verhungern lassen.

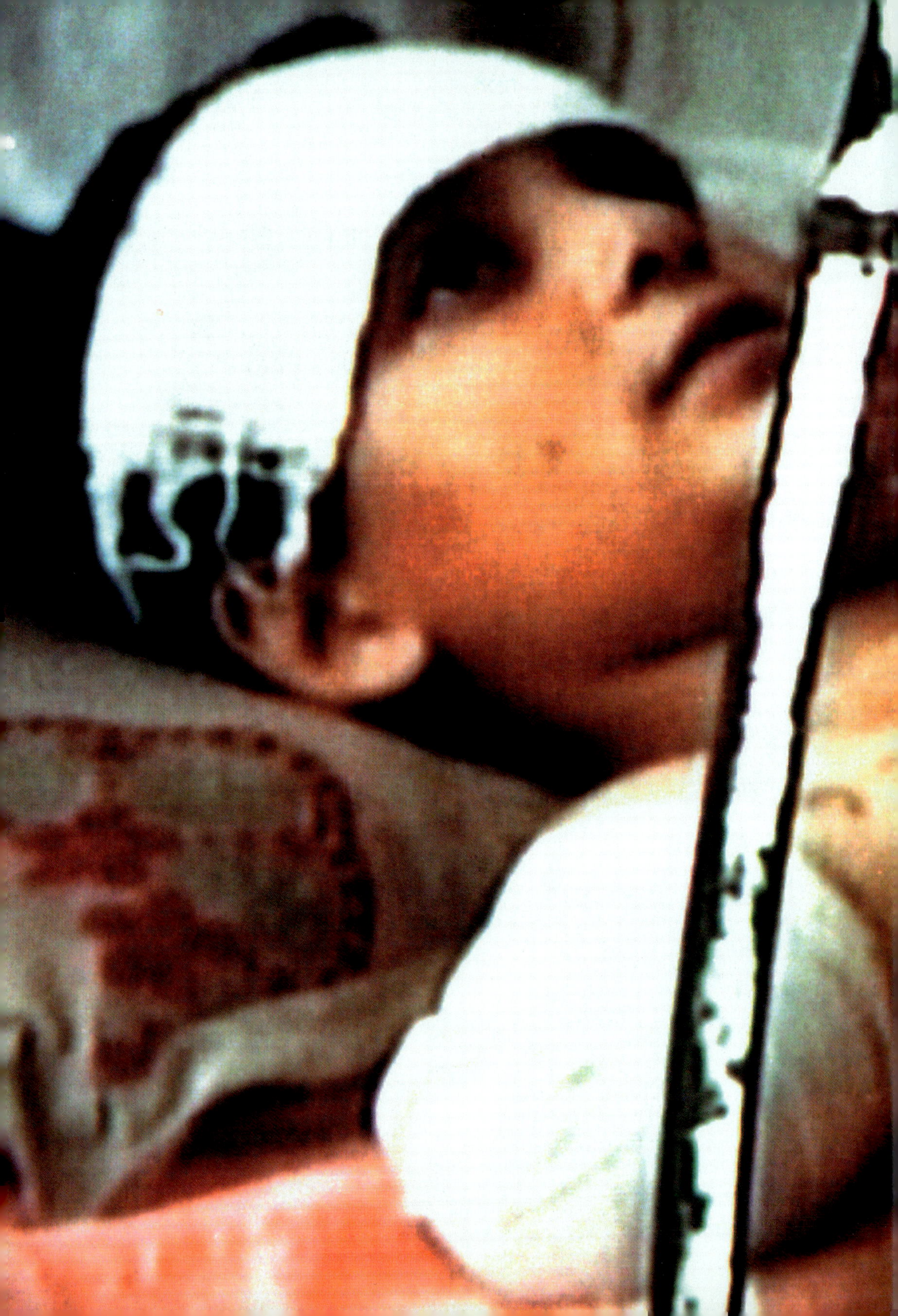

GOLF KRIEG 2003

Kriegsopfer II: Der zwölf Jahre alte Ali Ismail Abbad musste verlegt werden, nachdem Plünderer das Krankenhaus heimgesucht hatten, in dem er untergebracht war. Jetzt ist er in einem anderen Hospital untergekommen, wo er sich Hilfe erhofft. Ali hat bei einem der Bombenangriffe auf Bagdad beide Schwestern, den Vater und die Mutter verloren, die im fünften Monat schwanger war. Und beide Arme.

aus Bagdad. Im Zoo dort sind 300 Tiere verschwunden, erfahre ich. »Nur die Tiger und Löwen sind noch da, aber sie hungern.«

Schnell zum Kopierladen am Campus. Das Semester hat gerade begonnen. Viele Studenten in Camouflage-Design und im Military-Look, neuerdings auch mit diesen weiten schwarzen Hosen mit den vielen, lose hängenden Bändeln an der Hüfte und in Höhe der Kniekehlen, wie sie die Bomberpiloten tragen. Der Monat Mai naht, entnehme ich den überall geklebten Plakaten. Zum markigen Frans-Masereel-Holzschnitt eines zu allem entschlossenen Bannerträgers werde ich aufgefordert: »Heraus zum sozialrevolutionären 1. Mai gegen Staat und Kapital!« In der Mensa wird zum »Tanz in den Mai mit 2 DJs auf 2 Areas« geladen. Auf die kleine Betonmauer, die die Rasenfläche vorm Philosophenturm zwölfeckig abgrenzt, ist draufgesprüht: »Lieben, lachen, Bambule machen«. Könnte ein schönes Lebensmotto sein.

Weiter auf CNN. Da sehe ich hunderte, tausende Männer. Sie halten Spruchbänder hoch, auch mit englischen Losungen. Sie skandieren arabische Slogans: »Ja zur Freiheit, Ja zum Islam, Nein zu Amerika, Nein zu Saddam«. Wir sind im heiligen Nadschaf, im Arkadenhof der goldenen Moschee, dem Heiligtum der Schiiten. Im schiitischen Süden haben sie ihre Erfahrungen mit den Amerikanern gemacht: Als sie sich beim letzten Golfkrieg erhoben, ließ Saddam Hussein sie zu Tausenden abschlachten, und die US-Truppen sahen tatenlos zu. »Yankees go home«, rufen die Demonstranten jetzt.

Hier, in der Grabmoschee des Imam Ali, einem nahen Verwandten des Propheten Mohammed, wurde erst letzte Woche ein aus dem Londoner Exil heimgekehrter Mullah von der Menge gelyncht – er war als Freund der Alliierten geoutet worden. Die schiitischen Demonstranten verdammen lautstark das von den USA initiierte Treffen irakischer Oppositioneller in Ur, dem biblischen Geburtsort Abrahams. Die einflussreichste Schiiten-Gruppe, der »Oberste Rat für die Islamische Revolution im Irak«, hält eine amerikanische Militäradministration für »einen Rückfall in den Kolonialismus«. Die neue Verwaltung des eroberten Landes soll unter Leitung des ehemaligen Drei-Sterne-Generals Jay Garner stehen. Vor wenigen Tagen noch war er Präsident der Rüstungsfirma SY Coleman, die Raketenleitsysteme herstellt, mit denen die gegen Bagdad eingesetzten Marschflugkörper ins Ziel geführt wurden.

Das Sterben in Bagdad geht weiter, auch

AFTER SADDAM · OPERATION IRAQI FREEDOM · KRIEG IM IRAK · DIENSTAG, 15. APRIL 2003, 27. KRIEGSTAG · IRAQ: AFTER SADDAM ·

nach Beendigung der Bombenangriffe. Ein Sprecher des Internationalen Roten Kreuzes sagt auf CNN, in Bagdad seien die Ärzte der Not der Menschen hilflos ausgeliefert. Es gibt in den Krankenhäusern, wie in der ganzen Stadt, immer noch kein Wasser, keinen Strom. Die Notstromaggregate – längst geklaut. Viele Krankenhäuser sind vom Keller bis zum Dach leer geräumt, die Einrichtung ist kurz und klein geschlagen, angezündet. Ärzte haben die Kalaschnikow griffbereit liegen, versuchen Milizen zu rekrutieren, um Plünderer-Banden abzuwehren.

Die Häuser sind überfüllt, Betten mit Patienten stehen auf der Straße. Die Toten werden in den Anlagen um die Hospitäler verscharrt. Es gibt keine Decken, kein Verbandszeug. Es gibt keine Medikamente, Operationen müssen oft ohne Betäubung durchgeführt werden. Von den 30 Kliniken in Bagdad sind 27 geschlossen.

Bilder vom Eingang des Bagdader Krankenhauses »Medical City«, eins der letzten, die noch den Betrieb aufrechtzuerhalten versuchen. Ein CNN-Reporter hat mit seinem Auto ein Mädchen hergebracht, das er in der Stadt aufgelesen hat. Es ist Hanan, 17 Jahre alt. Sie jammert vor Schmerz. Auf der Nase Verbandsmull, der Kopf umwickelt, nur ihre Augen und die untere Gesichtspartie sind zu sehen. An ihren Armen Verbände, durch die gelbe Wundflüssigkeit durchgesuppt ist. Ein Bombenopfer mit schwersten Verbrennungen. Ihr Vater Moyab Ahmed erzählt, am zweiten Kriegstag habe es sie erwischt. Seit dreieinhalb Wochen hätten sie die Verbände nicht gewechselt, nirgends wirkliche medizinische Hilfe gefunden. Hanan wird hineingetragen. Ein verzweifelter Arzt. »Nein«, sagt er, »wir können nicht helfen, beim besten Willen nicht.«

Bilder des zwölf Jahre alten Ali Ismail Abbad. Er musste verlegt werden, nachdem die Klinik, in der er behandelt wurde, von Plünderern heimgesucht wurde. Sein Gesicht ist unversehrt. Brust und Bauch sind schwarz – Verbrennungen dritten Grades. Ali hat bei einem Bombenangriff auf Bagdad beide Schwestern, den Vater und die Mutter verloren, die im fünften Monat schwanger war. Ihm wurden beide Arme abgerissen. Der Junge wedelt mit den verbliebenen Armstümpfen, mit weißem Mull umwickelt, und sagt zu dem Arzt an seinem Bett: »Meint ihr, ihr könnt mir meine Arme zurückgeben? Wenn nicht, werde ich Selbstmord begehen.«

Abends klingeln die Nachbarn von oben. Sie sind aus Mallorca zurück, holen ihren Schlüssel. Ob es etwas gäbe, fragen sie. Nein, sage ich, hier ist alles wie immer. ■

ON IRAQI FREEDOM · KRIEG IM IRAK · DIENSTAG, 15. APRIL 2003, 27. KRIEGSTAG · IRAQ: AFTER SADDAM · OPERATION IRAQI FREEDO

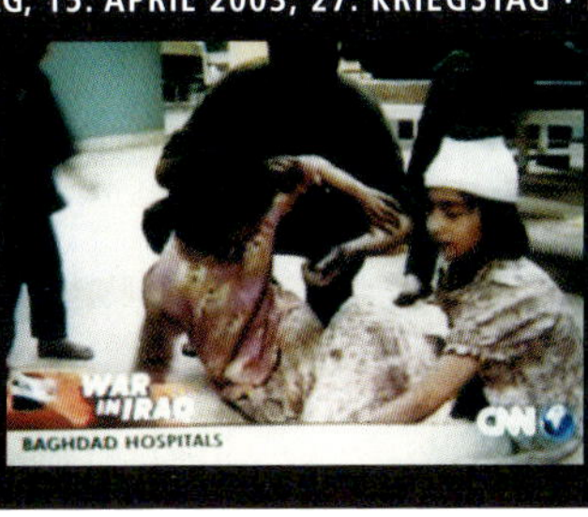

BUSINESS CONTINUES
CNN Be the first to know.